HAZLO TU MISMO, HAZLO CON OTROS.

Filosofía del fanzine

Rafael Uzcátegui

Al cariñoso recuerdo de Gerardo Barboza *(Dekadencia Humana)*

Hazlo tu mismo, hazlo con otros
Filosofía del fanzine

Edición: Rafael Uzcátegui (@fanzinero)
Diseño de colección: Rogmy Armas (ojostudio)
Ilustración de portada: José Luis Couto, para el periódico *El Libertario*

Náufrago de Itaca Ediciones, Caracas (en el exilio)
https://naufragodeitaca.wordpress.com

 Edición Barcelona: Associació Cultural el Raval «El Lokal»
C/ de la Cera, 1 Bis. 08001 Barcelona
ellokal@ellokal.org   www.ellokal.org

ISBN: 978-84-129508-8-5
Depósito legal: B 3122-2026

Impresión: Estugraf impresores, S.L.
C/ Pino, 5. 28350 Ciempozuelos, Madrid

CONTENIDO

Ilustración de José Luis Couto

INTRODUCCIÓN

¿Nunca hiciste un fanzine? Mejor.

Este texto habla sobre **fanzines**. Pero también habla de otras cosas: del deseo de decir algo, del derecho a crear sin pedir permiso, de cómo vincularse con otras personas más allá de los algoritmos y los likes, de lo que no ha funcionado en el activismo tradicional. Es un texto para quienes hacen fanzines, sí. Pero también es para quienes todavía no han hecho uno.

Tal vez nunca has visto un **fanzine**. Tal vez solo escuchaste la palabra en una feria o en un post de instagram. Tal vez crees que eso es *"cosa de gente rara"*, algo que leyó alguna vez tu hermano mayor o una expresión artística. Tal vez piensas: *"yo no sé dibujar, ni escribir, ni hacer diseño gráfico"*. Buenas noticias: eso no importa.

¿Qué es un **fanzine**? Un **fanzine** (de fan + magazine) es una publicación hecha por personas comunes —como tú o como yo— que quieren compartir algo: una idea, una emoción, una historia, una opinión, un chiste, un dibujo, una herida, una alegría, una propuesta.

Puede ser en papel o en digital, hecho con tijeras y fotocopias o con una app de diseño. No tiene formato fijo, no hay reglas. Lo importante es que no necesita aprobación de nadie. Ni likes. Ni dinero. Ni una editorial. Ni un título universitario. Solo ganas de decir algo y de conectar con alguien más, que tenga tus mismos gustos, búsquedas y deseos.

Un **fanzine** puede tener una sola copia o cien. Hacerlos puede durar diez minutos o, como en mi caso, treinta años. Puede hablar de política o de música, de salud mental, de sexo, de libros, de memes, de maternidad, de migración, de cualquier cosa que te queme dentro del pecho y quieras compartir.

¿Y por qué importa? Porque vivimos en un mundo donde casi todo lo que publicamos se mide en números: vistas, seguidores, algoritmos, *"engagement"*. Donde lo que no genera rendimiento parece no valer la pena. Y donde cada vez más, decir lo que realmente sentimos parece un lujo o una pérdida de tiempo.

Frente a eso, hacer un **fanzine** es un acto de libertad. Es decir: esto me importa. Esto quiero que exista. Esto quiero compartirlo sin esperar que sea viral, perfecto o rentable. Ha ocurrido en los últimos años, aunque no lo sepas hasta ahora. Y creemos que seguirá existiendo por mucho tiempo.

También es una forma de cuidarnos. Porque no todo lo urgente se puede contar en un tuit. Porque necesitamos decir cosas que no caben en una story. Porque hay dolores, alegrías y preguntas que merecen otro tiempo. Otro espacio.

No se trata solo de hacerlo tú

Este texto se llama *Hazlo tú mismo, hazlo con otros*. Porque, aunque la chispa sea personal, el sentido aparece en el encuentro, en las conexiones. Hacer un **fanzine** también es armar comunidad. Aunque sea pequeña. Aunque sea invisible al principio.

Un **fanzine** no se hace para tener éxito, nadie en su sano juicio ha pretendido vivir de esto. Se hace para crear un mundo nuevo en miniatura. Uno donde lo que tú piensas, sientes o inventas tenga un lugar. Exista.

Así que si nunca hiciste un **fanzine**... Perfecto. Este texto quiere invitarte a que lo intentes. No necesitas nada más que una necesidad, una hoja, una idea y algún tipo de deseo. Y si lo haces, ojalá nuestras palabras te acompañen.

Y si ya hiciste un **fanzine** o has leído varios de otros, aquí comparto mis propios aprendizajes sobre el proceso de crearlos, que espero dialoguen con tus propias opiniones al respecto.

Cuando estoy a punto de cumplir 52 años, este texto es un abrazo a ese Rafael que, a sus 16 primaveras con sus propios miedos y complejos, decidió hacer su primer fanzine. Y no ha parado desde entonces. A partir del fenómeno de la autoedición, digo cosas que no había tenido la oportunidad de decir en otro lado. Un **fanzine** que habla sobre **fanzines**, no se me hubiera ocurrido una mejor celebración a lo que ha sido mi propia vida que eso.

Empecemos.

Ilustración de José Luis Couto

EL PROVO

PARTO NUMERO 6 SEIS

DEPOSITO LEGAL 91-0326

→ ENTREVISTA A LOS GUSANOS...

THRASH LOCAL: NEMESIS · SUEÑOS VERDES

LA OTRA CARA DE MAC DONALS, L'OREAL y BIOMA · MAYO 68.

EDITORIAL

Es difícil mantenerse de pie durante la tormenta. Es acá donde bajamos las defensas y el aguacero termina rodando por nuestras mejillas, para terminar encharcado en las calles de nuestra soledad a riesgo de ser pisoteado por aquellos que caminan a un paso más rápido que el nuestro.

Aun así estamos seguros de algo que aquellos que esperan vernos caer nunca podrán alcanzar, lo que sus drogas y su alcohol nunca podrán embriagar, lo que su autoridad jamás podrá doblegar ni su publicidad podrá sugestionar; eso que habita dentro de nosotros acurrucado como niño temeroso a ser lastimado: nuestra ESPERANZA. Esperanza a que las cosas cambien y mejoren, y que sus uniformes desaparezcan con un rayo de sol junto con sus armas y sus jaulas. Basta con mirarnos a los ojos para saber que continua allí latente.

Hoy cuando la araña de la incertidumbre teje su red a nuestro alrededor y los rumores terminan habitando nuestra cabeza, debemos mirarnos hacia adentro y recordar, que antes de ser un sistema de relaciones económicas, nuestra sociedad es una de relaciones humanas. La solidaridad y nuestra condición siempre digna de personas debe prevalecer ante el ruido de sables que esconden las oscuras formas del autoritarismo castrense.

Es hora de darle rienda suelta a nuestra imaginación y creatividad, aun ante la mirada incomprensible de los ortodoxos y los reaccionarios. Nuestra revolución de ideas y nuestro activismo derribarán las utopías para convertirlas en palpable realidad. Las poses y las habladurías dejémoslas para las lacras putrefactas del sistema, que quizás destilen su hedor muy cerca de ti. Tuya es la decisión de apartarlos y aislarlos. Dicen que las víboras se se destruyen solas entre ellas.

STRAIGH EDGE · CONTACTOS CORREO

JELLO BIAFRA · COMICS y MUCHO MAS!

PUBLICACION DICIEMBRE - FEBRERO 93 (HASTA QUE SALGA EL OTRO NRO)

BARQUISIMETO - VENEZUELA - PLANETA TIERRA   BOLIVARES.

Portada El Provo, edición 6. Barquisimeto, finales de 1992

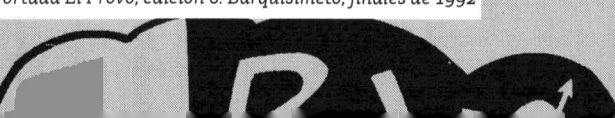

PARTO NUMERO

EL REGRESO AL PAPEL

ENTREVISTA ARRECHÍSIMA CON:

los gusanos

La nueva ola de rock [ve]nezolano se está desarrolla[n]do de una manera muy inte[re]sante. Están surgiendo [de] todos lados bandas de to[dos] los estilos que toman su t[...] bajo bien en serio. Person[al]mente me inclino por las [que] incluyan en sus composicio[nes] líricas interesantes de cont[e]nido social. Este bien pu[ede] ser el caso de LOS GUSANO[S] con cuyo cantante nos topa[mos] en un viaje relámpago hecho [a] Caracas. Esta gente e[stá] arrastrando bastante públ[ico] en la capital en base a [una] buena puesta en escena y bu[ena] música. Así que lean [una] parte de la conversación [que] transcribo y saquen [sus] propias conclusiones sobre [la] forma de pensar de estos c[hi]cos.

Provo: ¿Cuánto tiempo t[ie]nen LOS GUSANOS agarra[ndo] instrumentos y echando vai[na]?

TOROMBOLO: El grupo c[omo] tal se formó en el 89 en [el] "Rock de los Insurgentes" [que] fue el ciclo que se hizo en [el] Teatro Cadafe que fue el [...] Concierto del grupo, un [...] antes nos unimos y empezamos [a] tocar como Los Gusanos. Ah[...] de cuando nosotros estamos [en] esto, mira yo estoy con Víc[tor] el guitarrista, nosotros es[tu]diamos juntos en el colegio [y] siempre veníamos con la i[dea] de formar un grupo. Tocábam[os] por allí en festivales [del] colegio, es cuestiones polí[ti]cas también etc. Lo hacíam[os] como una especie de dúo [de] voces con guitarra acúst[ica] tocando cosas de gente c[omo] León Gieco, Charly García [y] cosas así. Siempre estuvo [la] inquietud hasta que llegamos [a] Caracas definitivamente es[ta]blecidos y surgió la idea [de] Los Gusanos. Nos reunimos [con] Lino y Marcelo que serían [la] contraparte en bajo y bater[ía]

P: ¿El nombre tiene a[lgún] significado especial?

T: El nombre es comple[ta]mente fortuito o de azar, [estu]vimos un tiempo pensando [un] nombre conceptualmente arre[cho] que reventara la cabeza, y [...]

Danzas Negras
Letra: Víctor Maya / Música: Víctor Rossi

Danzas negras duermen nuestras voces
hoy sonríes brillando en puñales
de horror.
Hoy te luna tiembla por nosotros
se oye susurrar una oración;
Sé que no olvidarás mi nombre,
sé que olvidarás vivir,
sé que volverás en mis sueños,
sé que no olvidarás más.

La muerte baila sobre la ciudad
dormida, autos
negros avanzan sobre avenidas
vacías, lágrimas
caen sobre almohadas frías,
esperando el terror
que sale de las sombras y vuelve
a la oscuridad. Y sólo quedan ojos
enrojecidos en la cara de una mujer,
una silla vacía, una puerta hecha
astillas y alguien que no volverá.

Afuera en el frío están los signos,
tus ojos congelados ya no pueden llorar
llaman a la puerta y no te asomas,
pero oigo que no paras de rezar.

EL REGRESO AL PAPEL

Durante años recientes, se pensó que internet sería el espacio definitivo para la libre circulación de ideas, la construcción de redes horizontales y la producción cultural alternativa. Sin embargo, la lógica algorítmica, la sobrecarga informativa, la monetización de la atención y la proliferación de discursos de odio han ido estrechando esas posibilidades.

En este contexto, la edición independiente y, en particular, la práctica de creación de **fanzines**, han experimentado una revitalización como forma de resistencia cultural, creación de comunidad y ejercicio de libertad. No es solo una moda nostálgica o un gesto estético: contiene en si misma muchas prácticas y lógicas inspiradoras, que pueden ayudar a superar el estancamiento narrativo y la regresión de movimientos sociales en momentos de autocratización del mundo.

La cultura oficial —incluso la que se autodenomina *"crítica"*, *"alternativa"* o *"transformadora"*— suele mirar al fanzine con condescendencia. Lo considera un producto menor, marginal, hecho por aficionados, sin revisión académica, sin pretensión de permanencia. Se lo asocia con lo informal, lo improvisado, lo juvenil. Y desde esa mirada, se le niega autoridad, profundidad y valor político. Pero esta desvalorización no dice nada sobre el fanzine como soporte y posibilidad, y sí mucho sobre las jerarquías que aún rigen nuestras ideas sobre el conocimiento.

En el centro de esa jerarquía está el libro —*no cualquiera, sino el libro fetichizado: encuadernado, publicado por una editorial prestigiosa, indexado, con prólogos, citas y aparato crítico, cuyo valor principal es el prestigio del autor*—. Este modelo de saber proviene de la Ilustración y la modernidad eurocéntrica, donde el conocimiento verdadero debía ser estable, monumental, rígido, impreso en papel caro y en un lenguaje técnico para entendidos. El libro, en este marco, se convierte en un objeto cuasi-sagrado. Un ejemplo máximo de esta forma de pensar es *"El Capital"* de Marx: más que un texto, una autoridad. Pero como toda forma sacralizada, no sólo genera exclusión sino que el peso de sus conclusiones se quedan fijas mientras el mundo continúa dando vueltas y transformándose.

El desprecio hacia el **fanzine**, y en general la producción de saberes desde los márgenes, muchas veces proviene de una lógica académica que todavía se piensa a sí misma como el centro legítimo y supremo de creación del conocimiento. Sin embargo, esa misma academia atraviesa hoy una crisis de relevancia, sensibilidad e impacto. Las universidades más prestigiosas del mundo —Harvard, Yale, Stanford por citar algunas— han producido miles de papers, libros, modelos teóricos, simposios sobre democracia, justicia o ciudadanía, pero nada de eso logró impedir el ascenso del autoritarismo global, ni aumentó significativamente la capacidad de las sociedades para resistirlo. Que Donald Trump vuelva a ser electo en Estados Unidos no es solo una anomalía política: es el síntoma de una profunda desconexión entre los saberes formales y la vida real de las personas.

En este escenario, la academia se ha replegado en una burbuja de publicaciones indexadas, congresos onanistas y rituales de validación interna. Sus intelectuales, por más *"suma cum laude"* que sean, han perdido capacidad de interpelar su contexto, de generar conversación pública, de tocar fibras sociales. Hoy, millones de personas forman su visión del mundo a partir de influencers de *TikTok, YouTube*, memes o foros online, no por lectura de ensayos. La autoridad académica ha dejado de imponerse: se encuentra inmersa en un proceso de irrelevancia y desvanecimiento. No estamos afirmando que deba o vaya a morir, sino que es una realidad que ha dejado de ser el epicentro único y legítimo de comprensión y reinterpretación del mundo.

El **fanzine** —*con su grapa torcida, su collage mal cortado, su estilo directo*— irrumpe como saber profano, inmediato, contingente, situado. No pretende hablar para la historia, sino para el presente. No necesita una junta editorial, solo una urgencia y un par de manos. Y eso, para la cultura oficial que se legitima a partir de los *"comités arbitrados"* es imperdonable.

Por otro lado, también se desvaloriza el fanzine por no aspirar a la circulación masiva —*Aunque algunos fanzines y productos editoriales independientes han sido leídos por centenares o miles de lectores-*. Como contemporáneo del libro fetichizado y de conocimiento cuasi-religioso, la popularización del invento de Gutenberg, la imprenta, estableció –para los movimientos de izquierda y derecha- la posibilidad de aumentar su influencia a partir de publicaciones de grandes tirajes y divulgación masiva. Aunque afortunadamente esto ha sido cuestionado profundamente, durante buena parte del siglo XX se consideró a la *"propaganda"* como uno de los ejes de la actividad militante *–una palabra que no me gusta por su origen militar-*, en la aspiración que la cantidad de objetos propagandísticos producidos y divulgados se tradujera en la misma cantidad de personas convencidas para la causa.

Uno de los tantos que cuestionó este mecanicismo fue Paulo Freire y su concepto de *"educación bancaria"*. La entendía como el modelo pedagógico donde el educador deposita conocimientos en sus estudiantes, quienes eran meros receptores pasivos, contenedores de información cuantitativa: mientras más depositos recibían, más ascendían en la escala jerarquica del conocimiento académico. Aunque estaba basado en la interpelación de los procesos de aprendizaje, la crítica de Freire también era extensiva al hecho comunicativo. Al caracterizar la educación bancaria como parte de una relación vertical *–El educador o emisor monopoliza el poder y conocimiento, mientras que los estudiantes o lectores son receptores pasivos-*; bajo una lógica de acumulación cuantitativa, en la que el receptor la memoriza y repite, sin cuestionarla ni comprenderla realmente; a través de un proceso donde o hay ausencia o simulación de diálogo, excluyendo la real participación, el debate o la construcción conjunta de los saberes y, finalmente, bajo una visión domesticadora y no cuestionadora de la realidad *–o del propio proceso de construcción de ese saber-*. Realmente era un complejo dispositivo de dominación y no de liberación, que siempre ha sido la gran promesa de la educación.

En contraste frente a los periódicos, revistas de izquierda o derecha o productos mediáticos digitales que miden su éxito por número de lectores o seguidores, el **fanzine** opera en otra lógica: la de la conexión y no la del alcance, la intensidad y no la cantidad. Lo leen pocos, sí. Pero lo leen de cerca. Lo leen sabiendo que alguien, con gustos y necesidades similares y parecido a ellos, lo hizo con sus manos. Lo leen con posibilidad de responder. Y que ellos mismos pudieran replicar una revista similar y ser parte de ello.

En una época de difusión descentralizada y saturación informativa, los antiguos ejes de la verdad y la autoridad editorial ya no operan del mismo modo. Ni los libros monumentales ni los medios masivos garantizan por sí solos verdad, ni comunidad, ni transformación. Por el contrario, lo pequeño, lo localizado, lo artesanal, lo múltiple puede hoy ser un lugar mucho más fértil para pensar lo comunitario.

El **fanzine** no quiere reemplazar al libro ni competir con el periódico. Quiere recordar que hay saberes que no entran en el canon ni caben en las columnas justificadas, y que la cultura no se defiende reproduciendo su verticalidad, sino abriendo espacios nuevos y desconocidos, desobedientes, afectivos. La práctica del **fanzine** es una de esas aperturas: irreverente, frágil y profundamente humana.

SWAPS O LA ÉNTA DE UN PAI$!

Ante el acoso del pago de la deuda externa, se han sugerido varias modalidades de cancelación indirecta, entre ellas los canjes por naturaleza. Este planteamiento viene a hacerse estrategicamente en nuestros países mediante cursos y asesorías, que tratan de implantar la idea de que el manejo empresarial de las áreas naturales protegidas es superior al manejo público o de las comunidades. Este manejo privado estaría financiado con recursos provenientes de ayudas o SWAPS, que no son otra cosa que convenios rápidos financieros de canjes de deuda por activos (Recursos naturales por Bienes de Capital).

Estos convenios SWAPS cumplen, por un lado, el papel de desconocer la función social de la naturaleza y la prioridad de su manejo público; mientras se entrega en diverso grado, soberanía de extensas áreas de una variada y endémica riqueza genética a entes nacinales o internacionales con fines privados.

Una de las instituciones Norteamericanas más activas en los convenios SWAPS se llama Nature Conservancy. Esta fué fundada en 1951 con aportes privados gringos. Desde esa fecha, y a través de 2700 proyectos en todo el mundo, Nature Conservancy ha manejado 716.000 Has, de las cuales son mantenidas el 50% de este total; posee en propiedad 243.000 en 7000 reservas. "El mayor sistema privado de manejo de áreas naturales" como ellos mismos se anuncian.

Utilizando tecnología de satélite e información de los bancos florísticos y faunísticos, la Nature Conservancy detecta áreas en los países del Tercer Mundo y llega a acuerdos de manejo con sus gobiernos: en alquiler, cambio, cesida, donación o adquisición.

En el caso de esta porción de tierra denominada Venezuela, los tentáculos de la Nature Conservancy se arraigaron con el apoyo financiero a la creación de una organización con "fines ambientales" llamada BIOMA. Esta se registró en el año de 1986 con la misión de conservar el patrimonio natural del país a perpetuidad. Por medio de esta institución, se ha procedido a la adquisición de tierras, ya sea por su compra directa o por acuerdos con comunidades campesinas locales que las ceden en "comodato". Estas negociaciones se registran en áreas en donde se presentan diversidades genéticas únicas en el mundo. Así han adquirido el Páramo de Piedras Blancas en Mérida (12 mil Has), la Cueva del Guano y el área de Monte Cano, en la península de Paraguaná (600 Has) y el Capanaparo-Sinaruco, en el estado Apure (600 mil Has).

A pesar de haber emprendido campañas de divulgación ambiental y captación de miembros, su enfoque conservacionista de la ecología ha provocado fuertes enfrentamientos con técnicos e investigadores del Ministerio del Ambiente, Inparques y docentes de Universidades del país. Su conexión original con Nature Conservancy y su posición a favor de los canjes de deuda externa por naturaleza ha creado un verdadero halo de misterio sobre los verdaderos fines de esta organización. Entre los miembros de su junta directiva se encuentran idealistas como Pedro Tinoco, Gustavo Cisneros Rendiles y Arnaldo Jose Gabaldón. Reciben periodicamente financiamiento de Jessie Smith Noyes Foundation y de Conservation International, esta última también dentro de las listas de las instituciones gringas que trabajan con los SWAPS.

BIOMA

¿CUAL ES LA VERDADERA CARA DE BIOMA?

L'OREAL: LA ESTETICA DEL DOLOR!

Muchas empresas transnacionales fabricantes de cosméticos utilizan animales en sus sistemas de experimentación. Una de las más grandes la l'Oreal las practica frecuentemente. Esta "prestigiosa" firma utiliza ratones para probar filtros solares, de esta manera el cuerpo de los roedores es untado con crema y se envuelve en papel aluminio de pies a cabeza. Los ojos se tapan con una cinta y despues, mediante esparadrapo, se pega los animales a una madera, cabeza abajo. A continuación los colocan bajo una luz que simula los rayos solares. Las criaturas, literalmente fritas, gimen y se lamentan, hasta su muerte por insolación. El experimento finaliza tirando los ratones a la basura.

Los laboratorios de L'Oreal tambien utilizan conejos para también experimentar cremas sobre su piel afectada; por otra parte, las ratas de sus laboratorios son obligadas a comer solución permanente para el cabello. Como estos animales no pueden vomitar, resultan ideales para este tipo de experimentos: siguen comiendo hasta que mueren.

Todo esto es posible gracias a las perversas mentes que sólo buscan enriquecerse a costa de lo que sea, sin ningún tipo de respeto por la vida de seres que también son capaces de sentir el dolor. Te invitamos a que hagas un boicot contra los productos L'Oreal. Tu conciencia te lo agradecerá.

FELA
FRENTE ECOLOGICO DE LIBERACION ANIMAL

APDO POSTAL 109 BARQUISIMETO VENEZUELA

EL PROVO

PERIODICO ALTERNATIVO LIBERTARIO

EDICION ESPECIAL 32 PAGINAS

AGOSTO · NOVIEMBRE '93 · BARQUISIMETO · VENEZUELA

Portada El Provo, edición 8. Barquisimeto, agosto de 1993

DEL PAPEL AL PÍXEL:
EL FANZINE COMO ADN DEL INTERNET LIBRE

Editorial

Nos parece ayer el día que ideamos escribir un periódico en donde liberáramos nuestra capacidad creativa y nuestro potencial de soñar. Y cuando repartíamos los volantes en donde decía que cumplíamos dos años, no lo terminábamos de creer... ¡Pasa tan rápido el tiempo cuando uno está a gusto! Fugaces momentos que se nos han prendado muy dentro: pintando con los dedos castillos construidos sobre bases de verdadera amistad; empuñando nuestras espaditas de papel para alejar a los dragones de verde; aprendiendo a entibiarnos con sonrisas; armando barquitos de energía positiva para zarparlos en el mar de la desesperanza; aserrando los barrotes de nuestra ignorancia; nutriéndonos de gente hermosa que hemos conocido en el camino; apostando siempre a la libertad y saliendo victoriosos; saboreando la miel del compartir, viviendo día a día la utopía con la metralla de las ideas en la mano; en fin, todo un proceso de autoaprendizaje sin injerencias externas que nos ha encaminado por la senda de la verdadera vida. Y si esta nos sigue sonriendo, seguiremos sembrando la semilla de la libertad, cuyos frutos se alzarán fuertes y robustos sobre la maleza, el monte y las parasitarias que ya tantos cultivadores tienen.

A A A A A

Vivimos una época de cambios que están dejando naufrago a más de uno. El espejismo soviético se desplomó y dejó embarrados a los que creían que la libertad se pintaba exclusivamente de rojo. El capitalismo se retuerce entre sus contradicciones, mordiéndose su cola... En fin, lo que queremos decir es que las doctrinas y dogmas terminan por asfixiarle a uno la vida. Desconfíen de cualquiera que les quiera vender en cómodas cuotas las verdades absolutas de la salvación, mucho menos en ediciones empastadas con títulos como "La Biblia" "El Capital" o cualquiera de la colección de Mandino. Seamos fieles solo a nuestros verdaderos sentimientos.

¿Quién dijo que las utopías habían muerto? ¡Hagámoslas presentes en nuestras acciones de cada día!

Colectivo Editorial Provo.

Porque negamos cualquier forma de autoritarismo, de dominio de unas personas sobre otras y de sometimiento y de sumisión a las relaciones de poder establecidas, decimos NO:

- Al Estado, sea cual sea el sistema concreto de gobierno, en tanto implica necesariamente la represión policial y carcelaria y el control burocrático de la administración, convirtiendo a los supuestos ciudadanos en súbditos oprimidos.

- Al Capital, pues el desarrollismo económico incontrolado aparejado a una tecnología agresiva y deshumanizadora conlleva al trabajo como una forma de explotación y la división de la sociedad en clases, así como la alienación consumista, la destrucción del hábitat natural y el exterminio de los pueblos autóctonos.

- Al Ejército, porque se fundamenta en la subordinación y a la obediencia ciega a la jerarquía y porque, como brazo ejecutor del imperialismo, su función no es otra que provocar la guerra generando la muerte y la destrucción.

- A la Religión y a la Moral burguesa, que sirven para sustentar ideológicamente la sumisión mediante la imposición de dogmas, la manipulación de las conciencias y la negación del libre pensamiento, impidiendo así la capacidad crítica de las personas y su comportamiento creativo.

- Y a todas las actitudes intolerantes que, mediante la violencia y la coacción, reducen a los otros a la condición de sujetos sin voluntad: el fascismo, el racismo, la xenofobia, la homofobia, el machismo,...

Los costos crecientes de impresión, la falta de una infraestructura mínima local que permita distribuir eficientemente material alternativo y económica de los encargados de editar esta publicación, han hecho que volvamos a recurrir a la publicidad como forma de ayudar a pagar los gastos de edición. La presencia de anunciantes no influye bajo ningún concepto en el contenido aquí tratado.

Coordinación y demás Colectivo Editorial Provo.

Títulos y anuncios en las Marcial Ojeda.

Este número hubiera salido flaquito sino hubiera sido por colaboración de: Ricardo Galindo, Alexander Espinoza, Aracelis Gha glia, Porfirio Garcés, María Leo Terán, Colectivo Nosotros, Los P tas Malditos (Luis, Teddy, Dieg Gonzalo), Juan, Napoleón Ram Víctor Huelves, Pepe desde Cu Marisol Bustamante, Ramón Gonza desde Canarias, Anjuly Castil Octavo Pasajero, Enrique Luq Rodrigo Acosta, Eliyán.

Agradecemos a Josefina y toda la gente del Marosme, grac a su paciencia y buena disposici salimos impresos otra vez.

Abrazos a toda esa linda ge que nos escribe enviándonos An para seguir adelante. Es una sue conocerlos.

DEL PAPEL AL PÍXEL: EL FANZINE COMO ADN DEL INTERNET LIBRE

Aunque subestimado por las instituciones académicas y culturales del siglo XX, el **fanzine** tuvo un impacto decisivo en la configuración de la cultura digital temprana. Cuando internet comenzó a masificarse a finales de los 90, lo hizo no desde las élites académicas, sino desde las subculturas, los hackers, los activistas y los artistas —*los mismos territorios donde el* **fanzine** *circulaba con fuerza*—. El blog, en particular, heredó la lógica de enunciación espontánea, informal, subjetiva y desjerarquizada del **fanzine**: cualquiera podía escribir, no importaba el estilo, el formato ni la perfección. Lo importante era decir, compartir, conectar, ser parte de una comunidad de gente con deseos y necesidades similares.

Al igual que el **fanzine**, el blog no necesitaba permiso editorial ni justificación curricular. Su valor estaba en su autenticidad, en la voz propia, en la posibilidad de abrir una conversación improbable. Muchos de esos blogs —*de música, política, sexualidad, ciencia ficción, afectos, activismo*— construyeron comunidades globales basadas en afinidades electivas, no en audiencias masivas. Se trataba de publicar no para *"los demás"*, sino para quienes compartían una sensibilidad similar.

Esa misma ética del *"hazlo tú mismo"* que el **fanzine** había sostenido desde la contracultura punk de los 80 y 90 influyó en la filosofía del software libre y el movimiento open source: abrir el código, permitir que cualquiera lo revise, modifique, mejore. Como en el **fanzine**, donde cada lector puede tachar, anotar o sacar su propia versión, el software libre propuso que el conocimiento es más potente cuando es abierto, replicable y colaborativo. No es casual que muchas de las primeras plataformas digitales hayan sido desarrolladas por personas que hacían **zines**, trabajaban en radios libres o participaban en colectivos anarquistas o autónomos.

Proyectos como Indymedia, surgido en 1999 para cubrir las protestas contra la cumbre de la Organización Mundial de Comercio (OMC) en Seattle, catalizaron esa genealogía fanzinera en clave digital. Con su lema *"Don't hate the media, be the media"*, Indymedia no solo permitió a activistas publicar contenido propio sin intermediarios, sino que ofreció una arquitectura abierta, horizontal y distribuida. Esta lógica de *"hazlo tú mismo"*, aplicada a la información global, inspiró gran parte del ciberactivismo posterior en el llamado movimiento antiglobalización, y demostró que las tecnologías digitales podían ponerse al servicio de las demandas de la gente.

Ese hito de octubre de 1999 fue tan importante que incluso inspiró una película, *"Batalla de Seattle"* (2008), protagonizada por Charlize Therón. El grupo de activistas, vinculados a la comunicación, que se juntaron esos días crearon una plataforma web en la que cualquiera, llenado un sencillo formulario, podía subir sus textos, fotos o videos de la protesta, lo que llamaron Centro de Medios Independientes, o el diminutivo en inglés *Indymedia*. Esto fue tan efectivo que para las siguientes protestas del movimiento antiglobalización (Praga en el 2000 y Génova en el 2001), se fueron creando *Indymedias* en los diferentes países. Esta práctica descentralizada y autónoma de los primeros años posteriormente fue revertida por el *Foro Social Mundial*, que terminó siendo controlado por la izquierda autoritaria de siempre.

En medio de esas tensiones, durante los años 2000 y 2010, esta posibilidad de libertad en la generación y difusión de contenidos se desplegó a escala global. Las redes sociales, aún no completamente controladas por grandes corporaciones, fueron utilizadas por movimientos sociales como herramientas de coordinación, denuncia, visibilización y convocatoria. Así lo mostraron la *Primavera Árabe* en Túnez y Egipto, *Occupy Wall Street* en EE.UU., los *Indignados* en España, y muchas otras olas de protesta que surgieron en América Latina desde lo local y se conectaron globalmente gracias a la circulación libre de contenidos generados por los propios participantes.

Por un momento, pareció que las potencialidades del ciberactivismo desplazarían al activismo tradicional. La velocidad de los *hashtags*, la posibilidad de saltarse los medios hegemónicos, la creatividad viralizada, la capacidad de convocar miles sin necesidad de estructuras formales, todo eso ofrecía una nueva forma de hacer política desde abajo. La lógica **fanzinera** —*publicar sin permiso, en red, desde la urgencia del deseo*— estaba viva en cada blog, cada video autograbado, cada tweet en cadena. Así como el **fanzine** era un dispositivo personal de comunicación analógica, el rápido desarrollo de dispositivos electrónicos y personales de comunicación, los *smartphones*, permitieron que cada persona tuviera la capacidad de ser un eficaz generador de contenido.

Pero esa potencia fue rápidamente detectada, domesticada y finalmente controlada. Las grandes plataformas como *Facebook*, *Twitter* (ahora *X*) y *YouTube* evolucionaron hacia modelos cerrados, opacos, algorítmicos, pensados no para fomentar la libertad, sino para capturar la atención, monetizar el conflicto y facilitar el control. Las protestas dejaron de ser invisibles, pero empezaron a ser gestionadas, encapsuladas y rápidamente neutralizadas por el vértigo del *trending topic*.

Además, los movimientos reaccionarios, conservadores y autoritarios aprendieron a usar esas mismas herramientas. Dominaron el juego de los *memes*, invadieron los foros, manipularon los algoritmos, convirtieron la red en un campo de batalla donde la desinformación, el odio y la emocionalidad extrema ganaban visibilidad. La promesa anárquica del internet de código abierto y vínculos comunitarios fue desplazada por una arquitectura de vigilancia, polarización y extractivismo emocional

Volante promocional El Provo. Barquisimeto, 1991

LA VUELTA, NO COMO NOSTAL-GIA, SINO COMO RECOMIENZO

Postal a beneficio del periódico El Provo. Barquisimeto, 1991

LA VUELTA, NO COMO NOSTAL-GIA, SINO COMO RECOMIENZO

Frente a este panorama, volver al fanzine —*no necesariamente solo al papel, sino a su lógica de edición autónoma, colaborativa, micropolítica y situada*— puede ser una forma de recuperar el control sobre nuestras propias narrativas. Publicar sin permiso, compartir sin algoritmos, leer sin apuro, crear comunidad sin plataformas ajenas. El **fanzine**, con su cuerpo de papel o su espíritu digital, sigue siendo una forma de decir: todavía podemos comunicarnos por fuera del control.

En un mundo donde todo contenido parece diseñado para el rendimiento, el **fanzine** reivindica el derecho a decir por necesidad, no por métrica. A crear no para viralizar, sino para encontrarse. A editar no para competir, sino para tejer. Porque cada publicación artesanal que aparece, cada proyecto autogestionado que resiste, es también una chispa de la insurrección cultural que alguna vez fue soñada por la propia internet, y que hoy puede volver a nacer en una mesa, con una grapa, unas tijeras y una necesidad compartida.

Sobre esto, mi amigo Rafael *"Cabeza de Vaca"* Manrique me comenta una idea poderosa: El tiempo que toma para pensar las cosas para un **fanzine** hacen que las ideas sean más profundas y poderosas que lo que se publica en internet. Es como el cómic y el meme, uno está más cargado que el otro pero son básicamente lo mismo, no es solo estética es concentración de conceptos.

Me ha parecido necesario este largo preludio para invitar a leer lo que sigue a continuación, las dimensiones políticas, culturales y sociales que son parte del ejercicio de crear un objeto editorial de forma independiente, materializado en un "**fanzine**". Estas reflexiones son consecuencia de 30 años de redacción, diagramación y distribución de ese tipo de artefactos editoriales. Sistematizarlas y ponerlas sobre papel, para que sean leídas y enriquecidas por otros, también es mi personal manera de celebrar la vida que he tenido, las ventanas que se me han abierto, a partir de leer **fanzines** de otros y participar en la comunidad aportando los míos. Por ello, antes de continuar el ejercicio reflexivo, quiero describir cómo es el lugar desde el que hablo.

//entrevista a penny rymbaud (crass)
//cuentos de la cripta
//sin fronteras x chile
//discos de la maracucha
//datos de las loterias y mas...

canchunchú florido
Portada del fanzine Canchunchú Florido. Caracas, 2003
(a mucha honra)

MI LUGAR
DE ENUNCIACIÓN

por un miembro de izquierda del parlamento, atizante de nosotros. Alguien había sido encargado el jo de abrir una demanda contra nosotros esta vez por enidad. Los periódicos rápidamente tomaron la noticia. ue en esos tiempos éramos noticias calientes, porque amos divulgado bastante sobre secretos oficiales de erra de las Malvinas. Habíamos tenido un contacto estaba sirviendo en esa guerra, así que obtuvimos ha información clasificada enviada a nosotros por el, ual fuimos capaces, de una forma o otra, sacar al cubierto. Terminamos siendo confrontados por el servador Tim Eggar en la radio. Básicamente, fue trozado por nuestros argumentos. En ese punto, dieron retirar el procedimiento, el cual no había llegado allá del director de demandas publicas repasando el o. Esa fue la segunda.

La tercera fue una demanda, donde una tienda en nchester fue allanada. Una larga suma de material, uyendo material de *Dead Kennedys*, fue tomada por la icía. Ellos pusieron de nuevo, un caso de obscenidad contra nuestra. Perdimos la primera ronda, entonces namos la apelación, Decidimos pelearla en Manchester. biendo peleado en Londres, entonces hubiéramos rcado un precedente. El cual hubiera significado que si rdíamos, no hubiéramos sido permitidos vender nuestro aterial en cualquier lugar de Inglaterra. Dicho sea de so, todavía no permiten oficialmente vender nuestro aterial en el área Chester de Manchester. Lo llevamos a elación, ganamos la apelación. Ellos lograron clasificar a canción como obscena, la cual de una forma era una claración feminista sobre la obligación de los pies inos, mayormente. Pero obviamente que el magistrado entándose en la corte probablemente reflejándose en sus ropias predilecciones. Así que nos encontró culpables e obscenidad. Pero el caso nos había costado una nomenal cantidad de dinero en términos de, si alguna ez hubo un tiempo en que casi fuimos enterrados por el inero que invertíamos, ese fue. Habíamos sido prometidos inero por parte de varias de las distribuidoras ndependientes y el negocio de música alternativa. Pero uando llego el tiempo para ello, recibimos muy poco poyo, y certeramente muy pocas finanzas. Así que nos costó a nosotros una cantidad fenomenal. Así que tal vez ue la primera vez que nos encontramos con dificultades inancieras, de veras. Así que la historia del IVA tal vez urgió de eso. Ciertamente en ese punto tuvimos un problema con el dinero, el cual nunca habíamos tenido hasta entonces. Montar el caso nos había costado una cantidad fenomenal, y llevarlo a la apelación nos había costado una cantidad fenomenal. Todo el camino, hubo

una forma de acoso leve. Esas fueron las tres o más mayores, dónde el acoso fue publico.

¿CUÁLES FUERON LAS IMPORTANTES FORMAS EN QUE LA N DE CRASS EVOLUCIONÓ A TRAVÉS CARRERA?

- Realmente no creo que uno pueda habla términos. Creo que después de nuestros 2 álbumes, creo que respondimos, no creo que h estado envueltos en alguna forma de proceso evolu en el sentido de que no éramos una banda por ra letras o música. Nosotros éramos una banda por políticas, y por lo tanto crecientemente, como pasaron, estábamos produciendo cosas en res situaciones sociales. Por lo tanto, consideraciones a o estéticas nunca verdaderamente eran important que nos volvimos crecientemente en crecientemente concientes de nuestra impotenci hace nuestro trabajo crecientemente más deses Pero era desesperado en respuesta a lo que ocurriendo en el país o globalmente, en aquel tie

Es casi una pregunta irrelevante, ' porque no c estuviéramos un poco envueltos en desarrollarno una banda. No creo que eso entro en la ecuació que simplemente... nuestro análisis político se luego estrechó y amplió, o lo que haya pasado. ' producimos como banda fue una reflexión de posición política. Nuestra respuesta a las cosas una respuesta musical o de letras, era una res política. Creo que lo que llevamos a nuestra músic amplio rango de influencias. Pero entonces ellas empleadas como influencias musicales, si me en

No éramos una banda, Nosotros nunca fuim banda, No creo que siquiera nos hayamos visto n mismos como una banda. Yo ciertamente nunca

MI LUGAR
DE ENUNCIACIÓN

Tengo 52 años y hago fanzines. Los he realizado, por lo menos, en los últimos 30 años. Mi idea de una noche ideal de viernes es estar en casa escuchando música, tomando una cerveza, mientras escribo o diagramo una publicación a ser fotocopiada.

Mis primeros años de vida transcurrieron como los de un niño que padecía violentos ataques de asma. Esto me impidió hacer muchas cosas normales de otros *chamitos* de mi edad, como montar bicicleta o jugar bajo la lluvia. En contraste, me estimularon a leer todo lo que pasaba por mis manos. Mi universo era el que describían aquellas novelas, cuentos, revistas y suplementos de historietas.

El asma, por tanto, me alejó de los deportes pero me acercó a los puestos de revistas, especialmente el que quedaba en la esquina de mi casa. Eran tiempos en los que no existía el internet y la televisión satelital era un lujo accesible para pocos. La manera de expandir las fronteras de mi mente era viajar a partir de lo que las revistas te contaban.

Era la Barquisimeto de finales de los 80, cuando su población no llegaba al millón de habitantes. Como cuarta ciudad de importancia en Venezuela, era un lugar orgulloso de su espíritu provinciano, de su equipo de béisbol –los Cardenales de Lara- y su procesión de la virgen Divina Pastora, que ocurría cada 14 de enero, y de la cual los "guaros" afirmaban, muy convencidos, que era la procesión religiosa más larga de Latinoamérica.

El estado Lara, región de la cual estaba enclavada Barquisimeto, era calificada como la *"capital musical de Venezuela"*. Y esto reflejaba que, efectivamente, poseía una dinámica cultural diferente a la de otras ciudades del interior del país. Orgullosa del legado de Amabilis Cordero, quien pertenecía al panteón de los pioneros del cine venezolano tras filmar su primera película en 1928, la ciudad poseía una arraigada tradición de cineclubismo, por lo que cada día de la semana, en un punto diferente, había uno en funcionamiento. Los cine clubes fueron el epicentro de encuentro de la muchachada que "estaba en otra", y que no se conformaba con los crepúsculos de aquella mentalidad provinciana.

Mi primera incursión en algo parecido a un **fanzine** fue una hoja fotocopiada, llamada "*Rufo y los rucuteros*", cuando estaba en quinto año de bachillerato, liceo público Mario Briceño Iragorry. Básicamente, una hoja de chismes escolares, que desató la ira de las autoridades, quienes por ella suspendieron la fiesta oficial de fin de curso, a la que el grupo encargado del panfleto reaccionamos con nuestro propio agasajo, que fue todo un éxito de asistencia. Una fiesta en el club New York, en el este de la ciudad, amenizado por miniteca y la banda "*Sociedad Anónima*", cuyo cantante era el clon guaro de Robert Smith, de The Cure.

En ese momento la música era un importante componente en la identidad de la juventud que buscaba algo, sin saber muy bien qué. El fenómeno del "*rock en tu idioma*" dio cierta apertura, en las estaciones de radio, al rock cantado en castellano en un país dominado por los sonidos más bailables y tropicales. En ese contexto ser rockero, o parecerse a uno, era una declaración de guerra contra la sociedad. Los exponentes locales del fenómeno en tu idioma eran bandas como *La Contra, Brújula del Bumerang, Sociedad Anónima, A gugu tata*; o más extremas como *IRH-4, Pecado Capital, Némesis* o *Acción Directa*. Eran grupos musicales que rara vez aparecían en las páginas de los diarios regionales. Y si querías saber más sobre ellos, o de las propias bandas de Caracas o del mundo, tenías que escribirlo y publicarlo por ti mismo.

Los dos estímulos principales existían: La necesidad y la ausencia. En 1992, en fotocopias, apareció el primer número de *El Provo*. Pero junto a él surgieron otras publicaciones realizadas por gente a quien conocí a la salida de los cineclubes: *Caput Juves, El Caleidoscopio, Qué hay de nuevo viejo, Vía subterránea*, por citar algunos de los titulares. Como había un bonito sentimiento de camaradería entre todos, fundamos una suerte de sindicato de editores independientes, que llamamos "*Grupo de Editores Alternativos*" (GEA). Hicimos eventos, conciertos, funciones de cine y seguimos publicando nuestras cabeceras, que nos hicieron alcanzar cierta notoriedad y reportajes en los medios de comunicación tradicionales. Aprovechando el declive de la radio de Amplitud Modulada (AM), alcanzamos a tener nuestro programa propio: *"Resistencia contracultural"*, que aparecía los sábados de 11 a 12 de la noche por *Radio Barquisimeto 690 AM*. El mayor logró fue abrir nuestro propio puesto de revistas, en el boulevard *Taormina Guevara* en el centro de la ciudad, al que bautizamos –*no podía ser de otra forma*- como el *Kiosco Alternativo*. Sobre el GEA escribí todo un capítulo para el libro *"Educación anterior. Una historia incompleta del punk venezolano"* que todavía puede leerse en punkenvenezuela.com

"El Provo", mi primera experiencia formal fanzinera, publicó 7 números, que reflejan lo que fue mi vertiginosa politización hacia un incipiente anarquismo. En aquellos días pre-internet, existía una comunidad transfronteriza de bandas underground y editores de fanzines de la que empezamos a formar parte. Me faltan palabras para describir el momento mágico de abrir el casillero postal y encontrar los sobres que te enviaban de otros países, a los que intentabas corresponder de la misma manera. Conocer y leer fanzines de otros lugares, especialmente de España, nos influenció mucho y nos abrió ventanas a mundos de los cuales no queríamos regresar. Publicaciones maravillosas que recuerdo con especial intensidad: *Nueva Fuerza* de Colombia; *Resistencia, Dekadencia Humana, Juventud Perdida* y *Hazlo Tu Mismo* de Argentina; *Sembrando cebollas, La Lletra A, Sancocho Metálico* y *Ekintza Zuzena* de España; *Brigada Subversiva* y la *Banda Rockera* de México, *Maximum Rock and Roll* y *Profane Existence* de Estados Unidos.

En 1994 me mudo a Caracas y ayudé en los últimos números de la revista *Correo A*, en la parte de diagramación. De manera paralela trabajaba en el periódico universitario *"Letras"*, que me enseñó, en la práctica, todo el proceso formal de producción y edición de publicaciones. En 1995, personas que teníamos experiencia editorial previa, nos embarcamos en la realización del periódico *"El Libertario"*, que duró 20 años y 76 ediciones. El clásico periódico anarquista resintió, positivamente, la influencia del **fanzine**, en una evolución que fue palpable a través de los años: La experimentación estética y en el lenguaje, abordar una amplia diversidad temática, entrevistar a gente involucrada en experiencias, etc. El autoritarismo chavista y la crisis económica que generó acabó no sólo con *El Libertario* sino con las pocas publicaciones independientes que sobrevivían para el año 2015. Como una respuesta a la estatización de la vida cotidiana, una de las consignas de *El Libertario* fue "Ningún subsidio, ningún compromiso con el poder".

Ese año coincidió en que fui nombrado director de una de las ONG de derechos humanos más conocidas de Venezuela, *Provea*, lo que limitó mis posibilidades de regodearme en mis pasiones fanzineras, pero que en contraparte trajo el espíritu del *"Hazlo Tú Mismo"* a todo el trabajo que promoví en la defensa de derechos humanos. Antes había editado **fanzines** sueltos, como *"Canchunchú Florido"* y *"Epa Isidoro"*. Y para el 2017, cuando se inició un intenso ciclo de protestas antigubernamentales en Venezuela, junto a Melanio Escobar y Rodolfo Montes de Oca creamos una radio digital llamada *"Humano Derecho"*, que más temprano que tarde tuvo su propio **fanzine**, que distribuíamos gratuitamente en eventos y manifestaciones. Además, dentro de la iniciativa *"Música por Medicinas"*, donde canjeábamos medicamentos por cultura, para luego distribuirlos gratuitamente a través de ONG humanitarias, editamos tres libros sobre la historia de géneros en el país: El punk, el reggae y el rock de protesta, cada uno con su disco. Esto no hubiera sido posible sin el *"know how"* que me había dado la realización de **fanzines**.

Luego de 17 años de trabajo salí de *Provea*, por causas naturales, en diciembre de 2023. 4 meses después, por el aumento de la persecución política, tuve que salir de Venezuela de manera forzada. Hoy, junto a mi familia, nos encontramos solicitando refugio en México. Para conjurar los dolores del duelo migratorio volví a las andadas, escribiendo y editando 9 de las 10 historias que se editaron como **fanzines** en la serie *"Ruido contra la máquina"*. Era una necesidad personal. Ya había preparado mi regreso luego de la producción del libro *"Mayoría Equivocada. Una historia incompleta del punk en América Latina"*, que en el fondo era mi tributo a la escena y metodología fanzinera de trabajo que había sido parte de mi existencia, que me había hecho vivir momentos enriquecedores y que me había acercado a personas que han sido amistades para toda la vida.

Este escrito es poner en papel infinidad de conversaciones con todos ellos.

os de la cripta

se quieren forrar
ento rebelde-punk

enmindevent@hotmail.com>
_no@gmx.NET>

ay, September 07, 2003 11:59 PM
Ultimo Ke Zierre / Tour Sudamericano .

ente de Apatia No :

bre es Rafael soy de Chile . Los estoy contactando
n de que en el mes de Diciembre estara por estos
nda española El Ultimo Ke Zierre la cual estoy
o el tour y a ver si se animaban a hacer una fecha
ezuela .

r de la fecha es de USD$1300 mas pasajes aereos
sera dividos entre todos los paises del tour . Viajan
y esto sera como por la quincena de Diciembre .

*Cualquier consulta envienme un mail
Saludos*

.amigos organizadores del tour de *El Ultimo*
en Suramerica! Les Respondo a su email en
icitan ayuda para el tour que planean...
ontamos que realmente nos parece un
o los supuestos *costos*, para el tour que
onan quieren hacer..!!.. saben?.. y esto se

los decimos pues cuando por ejemplo *Apatia-No*
estado de gira en Europa, nadie ha pagado el pasa
nunca ha pedido *un precio extra* como el caso
ustedes, pues los pasajes han salido por concepto
venta de discos y un poco de los concier
autogestionados (creemos que asi es como debe
ser en nuestro *ambito* y para las bandas que vier
nos gustaria recibir mas o menos lo mismo y
tratandose de bandas de Europa que en su mayo
sabemos, tienen muchas mas facilidades economica

Igualmente cuando las bandas de amigos
Venezuela *(Los-Dolares, Dona-Maldad, @patia-No)*
estado de gira por suramerica, estas giras se
hecho con grupos de amigos, colectivos y afines.
siempre -sin fines de lucro-, no cobrando ta
costos..y que nos parece un poco mal de parte
alguien, para con la gente de Suramerica hacer es
sabiendo lo mal que esta este continente tanto so
como economicamente...

Nosotros no conocemos a la banda *El Ultimo*
Zierre y no podriamos emitir alguna opinion de el
pero por la manera que nos mencionas las cos
realmente nos parece -en nuestra opinion, repetin
que NO es algo etico para nosotros pagar USD$ 13
MAS LOS PASAJES AEREOS.

Por tales motivos, decidimos que:
!!!No estamos interesados en participar en di
tour!!!!, ya que la gira se realiza fuera de
parametros que acostumbramos y no esta acorde
nuestros objetivos...
Saludos, e igualmente suerte!

*Circulo Libertario
grupos afines de Venezu
(por llamarle de alg
manera)*

pd- favor enviar cop
a las personas de
banda *El Ulti
Ke Zierre*

rias

a
a!!

EPA ISIDORO!

fanzine anarcopunk (aunque mal paguen)

EPAISIDORO@HOTMAIL.COM   CARACAS, ALGUN MES DEL 20

doña maldad

ESPECIAL MARTES 13!

+ Entrevista Johnny Castro
(APATIA NO)
+ Los Crudos: Historia
+ Afiches de regalo
+ Reseñas de discos
+ Dibujitos
+ Datos de las loterias

EPA ISIDORO!

Portada del fanzine ¡Epa Isidoro! Caracas, 2004

(aunque mal paguen)

EPAISIDORO@HOTMAIL.COM   CARACAS, ALGUN MES DEL 200

HISTORIA DEL FANZINE: DEL FAN AL FUEGO

MARTES 13

TE XV : JASON VISITA VENEZUELA

PELÍCULA
S ESPERADA
LA SERIE!

Fanzine Canchunchú Florido

HISTORIA DEL FANZINE: DEL FAN AL FUEGO

El término "**fanzine**" (síntesis de revista para fanáticos) nace en los Estados Unidos en los años 30, cuando apasionados por la ciencia ficción comenzaron a autopublicar revistas hechas a mano para compartir relatos, teorías, debates y dibujos inspirados en las obras de autores como H.G. Wells o Isaac Asimov.

La publicación pionera más citada es *The Comet* (1930), producida por la *Science Correspondence Club* de Chicago. A este le siguieron miles de títulos: fotocopiados, mimeografiados, enviados por correo o intercambiados en convenciones. El objetivo de ese esfuerzo era crear una comunidad entre lectores, autores y fans fuera del sistema editorial formal.

Si bien algunos **fanzines** llegaron a multiplicarse en imprentas offset y rotativas, estos sistemas de duplicación, propios de los medios impresos masivos, eran por un lado costosos y, por el otro, necesitaban de cierto conocimiento técnico. Las imprentas pedían que el tiraje mínimo fuera de 500 ejemplares, lo que suponía una inversión razonable de dinero. Por otro lado, los originales debían ser entregados de una manera que necesitaba de un saber especializado editorial y en artes gráficas. Por ello, los mecanismos de reproducción eran estructuralmente excluyentes para la mayoría de la población (aunque algunos sindicatos revolucionarios armaran sus propias imprentas).

Esto cambió con la invención de la fotocopiadora, que tiene una historia doblemente curiosa.

Chester Floyd Carlson era un físico que trabajaba en un despacho de abogados en 1938. Su principal trabajo era copiar a mano documentos y patentes de la compañía, lo que hacía padeciendo artritis y miopía mientras ideaba una manera de hacer más sencilla su labor. Aquello le obsesionó hasta empujarlo a renunciar y dedicarse a inventar un aparato que copiara hojas sin necesidad de máquinas fotográficas ni revelado. Para 1947 tenía un prototipo que presentó a *IBM* y *General Electric,* quienes lo rechazaron, hasta que Haloid, una pequeña compañía que producía papel fotográfico, aceptó lanzarlo al mercado bajo el nombre *Xerox.* Para Chester, *Xerox* significaba *"seco",* dado que la máquina no necesitaba líquidos para duplicar documentos. El éxito fue tal que para 1961 la empresa cambió su nombre al de su producto estrella. Hacer la copia de un documento, que podía estar escrito a mano, costaba lo mismo que hacer 500 ejemplares. La popularización de las máquinas *Xerox* en todo el mundo coincidió con la emergencia del movimiento punk, que hizo de la fotocopia el soporte estrella de las publicaciones de su comunidad.

El siguiente paso fue reducir el tamaño de las fotocopiadoras, para hacerlas accesible a los hogares, y conectarlas a las computadoras personales. Alrededor de esto hay una historia adicional, que vinculó a la fotocopiadora con una metodología de enseñanza-aprendizaje presente en la lógica *"Hazlo Tu Mismo":* Las llamadas *"comunidades de práctica".*

A finales de los 80 *Xerox* debió enfrentar un desafío que amenazaba su hegemonía en el mundo de las fotocopiadoras. Sus competidoras habían creado modelos más pequeños y económicos, que comenzaron a quitarle espacio en el mercado. *Xerox* reaccionó no sólo fabricando sus propios modelos a menor escala y más baratos, sino también minimizando radicalmente sus costos de producción. Una de las partidas en la empresa que usaba más presupuesto era la formación de los reparadores de fotocopiadoras, cuyo programa de entrenamiento –que implicaba llevar a estos profesionales de la parte del mundo en la que estuviesen a la casa matriz en Estados Unidos- costaba anualmente unos 200 millones de dólares. John Seely Brown, quien era director científico del *Palo Alto Research Center* de Xerox, fue designado para inventar un sistema de formación para reparadores más barato. La primera idea que recibió fue digitalizar el manual de reparación de fotocopiadoras y, a partir de allí, crear un curso a distancia. Brown concluyó que aquello sería ineficaz, por lo que aceptó la misión a cambio que le permitieran la flexibilidad necesaria para inventar una nueva solución. Para ello decidió estudiar en profundidad cómo trabajaban, en la vida real, los técnicos, contratando a un grupo de científicos sociales para que los observaran durante más de seis meses.

"El resultado de ese estudio fue que, a la hora de reparar las máquinas, los reparadores no seguían los manuales de procedimientos y no utilizaban el manual de reparaciones" relata Sergio Vásquez en un estudio sobre el tema. Cuando estos técnicos coincidían con otros, se reunían para comer y alrededor de una cerveza o un café, se relataban *"historias de reparadores"*. Tomaban nota de estas historias, o guardaban el número de teléfono de sus colegas para contactarlos en caso de necesidad. Lo que realmente sucedía era diferente a los *"procedimientos oficiales"* o las instrucciones de los manuales que se impartían en aquellos costosos cursos de Xerox. Vásquez indicó: *"Trabajando juntos y, sobre todo, discutiendo juntos acerca de sus problemas, los reparadores compartieron e hicieron circular el conocimiento necesario para reparar las fotocopiadoras. Crearon así lo que se llama una comunidad de práctica".*

Que el aprendizaje es un fenómeno social (se aprende haciendo, guiado por una persona con más experiencia) y que el aprendizaje ocurre resolviendo problemas concretos y situados en un lugar determinado es hoy un sobreentendido. Pero en los años en que se definió el concepto de *"comunidad de práctica"* –entendido como el aprendizaje que emerge cuando un grupo de personas crea vínculos por una tarea común, recurrente y estable en el tiempo-, la noción hegemónica sobre cómo éramos capaces de aprender nuevos conocimientos, la *"educación bancaria"* era la noción hegemónica.

El periodismo alternativo independiente presenta a

el LIBERT@RIO

**AUTONOMIA
AUTOGESTION
FEMINISMO
ECOLOGIA RADICAL
DERECHOS HUMANOS
CONTRACULTURA**

EN:

LUCHANDO POR
DE LOS MOVIMIENT

CADA DOS MESES EN TU DISTRIBUIDOR FAVO
O DESCARGANDOLO GRATUITAMENTE EN WWW.

en BLANC

Poster promocional El Libertario. Caracas, 2003

el LIBERT@RIO

Vócero ácrata de ideas y propuestas de acción :: Año 12 #50 :: VENEZUELA, PLANETA TIERRA
Esta publicación no acepta subsidios y se financia de su venta:2000 Bs / 1000 pesos (Col) / 500 pesos (Chile) / 1 dólar / 1 eu
www.nodo50.org/elliberta

#50

**ALTO
A LA CRIMINALIZACION
DE LAS PROTESTAS
POPULARES**

35813 21 3455 89

el ¡LIBERT@RIO

Portada El Libertario, número 50. Caracas, julio 2007

Vócero ácrata de ideas y propuestas de acción :: Año 12 #50 :: VENEZUELA, PLANETA TIERRA
Esta publicación no acepta subsidios y se financia de su venta:2000 Bs / 1000 pesos (Col) / 500 pesos (Chile) / 1 dólar / 1 eur
www.nodo50.org/ellibertа

LA RESACA DIGITAL TRAE DE VUELTA LOS FORMATOS FÍSICOS

El ojo como la cebolla es alimento de gran poder estimulante y vitalizador. Sirve para contrarrestar muchas enfermedades y tiene gran poder en la expulsión de lombr, contra el asma y las enfermedades del hígado. Es un gran desinfectante de los intestinos. Se conoce cuando están firmes y sanos, apretándolos con los dedos. Se conservan muy bien durante largo tiempo.

Constituyen un alimento muy nutritivo, forman tejidos y su imp alimentación racional es debida a la cantidad de vitaminas y mi tienen. Los mejores cereales son los que conservan la capa exte que es donde se acumulan las vitaminas. Por eso se debe prefer puede, el arroz integral, la harina integral, germen de trigo, ce

o lo que Ud. quería saber, pero le daba a preguntar, sobre el ejercicio derecho a la manifestación pacífica

s bien preparad@ y posees el conocimiento cesorios necesarios, nte no necesitarás nédica. El miedo y la a las armas mayormente el Estado. La confianza ción de tu voluntad serán rmas.

estar asociado con la a civil, es aconsejable que no prepararte y traigas encial. Esto ayudará a bles consecuencias la violencia militar y o side el uso de gases , difusores de pimienta, isticos, peinillas, rolos y ego. Esta publicación arte a permanecer en la libertad e igualdad en adoptando la mayor nedidas preventivas, de seguridad; así que por ifúndelo.

asistir a las marchas y es en grupos afines. Es ventariar los pertrechos y nombrar a un monitor rense que poseen equipo y conocimiento de cómo n como re-contactarse en arse.

que TU eres poderos@. r fácilmente lo que los la policía te lancen. has por una causa justa. temporal y TU eres rte.

l que tratarán de usar l miedo. No pierdas la

serenidad y el sentido común. Reacciona al peligro a la primera señal. Debes estar atento de cualquier síntoma de desorden físico y/o mental en ti mismo o en tus compas. Trata de calmar a aquellos que muestren signos de pánico. No creas en rumores, usualmente son falsos y pretenden crear miedo.

Es esencial documentar con imágenes las acciones de militares y policías, la violencia y los abusos de todo tipo. Llegará el momento que ese testimonio pueda usarse como evidencia para obtener justicia, aparte de su valor para desmontar las justificaciones de la represión estatal.

Si tienes una condición de salud especial, tal como retrovirus, desórdenes siquiátricos, diábetes, hipertensión, etc. deberás tener presente el impacto que los gases ó la violencia física puedan tener en tu persona, así como la posibilidad que al ser encarcelado no tengas acceso a tratamiento médico durante las primeras horas de detención. Es recomendable que si estás en situación de salud delicada y decides asistir a la zona de protesta, portes tres copias del récipe médico que incluya, tu nombre, el diagnóstico, y la medicación recomendada. Tus compañeros de grupo deberán estar al tanto de tu condición.

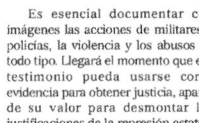

Aquell@s con asma, problemas de carácter respiratorio, mujeres embarazadas o que se sospeche el embarazo, personas con problemas de inmunodeficiencia, infecciones oculares, portadores de lentes de contacto, niños y ancianos; deberán evitar contacto con los gases lacrimógenos.

Los lentes de contacto atrapan los gases y compuestos químicos aumentando el daño y la irritación. Consigue lentes normales y advierte a tus amigos.

Algunas mujeres que fueron expuestas al contacto con gases lacrimógenos durante la menstruación experimentaron interrupciones e irregularidad del período menstrual; igualmente se han reportado abortos en embarazadas.

La reacción a la exposición a los gases podrá ser más severa en casos de acné o eczema.

Los gases lacrimógenos y sprays de pimienta, contienen solventes aceitosos que podrían disolver lentamente la goma y algunos plásticos de los equipos de prevención que utilices, tales como máscaras/lentes antigás.

Los perdigones plásticos pueden perforar ciertos lentes de seguridad, sobre todo los de natación que algunas personas usan.

Qué llevar y qué no llevar a una manifestación

- Lleva toda el agua que puedas cargar cómodamente. En las marchas y concentraciones siempre será posible conseguir agua mineral fuera de las áreas de mayor crisis, por lo que te recomendamos compres tu botella y tengas donde portarla. Evita los gases contaminen los picos de las botellas. El agua la podrás usar para tomarla y para lavar químicos contaminantes de las zonas más sensibles.

- Hay un recurso poco conocido en nuestro país, pero muy usado en otros y de excelentes resultados. Existe en las farmacias que venden flores de Bach una esencia llamada *Rescue*. Se recomienda cargar cada litro de agua

con cuatro gotas. Esta agua podrá ser usada tanto para el lavado de ojos y piel como para ser ingerida. Produce efectos calmantes.

- Pañuelos mojados en vinagre

protegidos en bolsas plásticas herméticas.

- Hay dos tipos de lentes que se recomienda considerar en caso que no se cuente con una máscara antigás de visera completa o cubre cara. Los primeros son como los que usan los nadadores, pegados a la cara que no permitan que los gases hagan contacto con los tejidos oculares. Los segundos son lentes de seguridad contra impacto, como los que usan los herreros, para prevenir el impacto de los perdigones plásticos.

- Guardada en una bolsa plástica, se recomienda llevar una franela de cambio, para sustituir la ropa que haya sido tocada por los gases. Es importante destacar que la ropa que haya sido contaminada, no debe ser lavada junto con el resto. Se recomienda remojar en agua de vinagre y luego lavarla con jabón de lavar ropa. Se recomienda camisa o franela de manga larga.

- No usar lentes de contacto. Los químicos provenientes de los gases, que quedan atrapados en los lentes de contacto, causan daño en los ojos.

- No traigas puesto o uses luego de recibir gases nada de lo que sigue: Vaselina, jabón detergente, hidratantes para la piel, protector solar o bronceador, maquillaje. Los compuestos químicos se adhieren y si contactan algún compuesto ácido pueden producir una fuerte reacción.

- Evita el uso de zarcillos, piercings, collares, corbatas y toda prenda que pueda ser sujetada o jalada.

- Las marchas y situaciones de calle pueden volverse prolongadas. En tal caso, se recomienda portar: algún alimento concentrado como las barras de granola; ropa de cambio; Tampax para detener hemorragias nasales; ungüento para golpes; pomada para quemaduras; Vic Vaporub para aliviar la molestia causada por los olores de los gases.

- De acuerdo a las previsiones meteorológicas, lleva lo adecuado para el clima, pero siempre algo que te cubra la cabeza.

- Accesorios opcionales: Uno es el casco, si hay la posibilidad de ser víctima de agresiones con objetos contundentes; otro es la máscara antigás (que incluya, o se combine con, lentes de seguridad), donde el filtro

DISEÑO

La port del 50

Para esta edición de especial por su númer primera con el nuev pedimos la ilustración nuestros amigos de Los dos meses atrás deci tapa sería dedic criminalización de la énfasis que crecía en medida que trabajal edición. Los Tordos, qu y todas los que labo Libertario lo hace voluntaria y sin re económica, nos pre propuestas. La que má fue la cuarta, solicit removiera la mordaz para que el dibujo no al tema de la libertad d sino que abarcara expresiones de d acrecentadas en el pa expresión anodina d caracterizó de nuevo Pink Floyd y su The finalizar, la ilustración pensando especialr rotativa con la que es es impreso. El result puedes ver en la tapa

LA RESACA DIGITAL TRAE DE VUELTA LOS FORMATOS FÍSICOS

Aunque ya existían **fanzines** en el ámbito del rock y la política en los años 60, el movimiento punk en el Reino Unido y Estados Unidos revitalizó el **fanzine** como acto de insurrección estética y política. *Sniffin' Glue* (Londres, 1976) fue un emblema: mal impreso, urgente, sucio, combativo. En EE.UU., fanzines como *Maximum Rocknroll* documentaron la escena hardcore punk, con ética DIY, crítica al sistema y con conciencia social. El punk consolidó la estética del fanzine: collage, tijeras, cinta adhesiva, grapas, textos escritos a mano o en máquina de escribir y urgencia.

Por su parte, ante la necesidad de crear tu propia voz en América Latina, el **fanzine** apareció en escenas subterráneas de música, pero también entre colectivos anarquistas, feministas y estudiantiles. En el primer mundo sus pares podían acceder a imprentas y rotativas para realizar sus publicaciones. De este lado del planeta no era una opción más, sino que por mucho tiempo la única posibilidad de tener una voz de tinta sobre el papel.

Pronto otras comunidades, que no contaban con un lugar de enunciación, usaron el **fanzine** como soporte para sus propias plataformas. Durante los 80 y 90, el **fanzine** se convirtió en una plataforma vital para voces feministas, lesbianas, trans, racializadas y no normativas, especialmente en EE.UU. y Europa. La movida *Riot Grrrl* (Washington D.C., 1991–) usó el fanzine para denunciar violencia sexual, desigualdad, sexismo en el punk, crear redes de apoyo. **Fanzines** como *Girl Germs, Bikini Kill, Chainsaw* circularon entre jóvenes como artefactos de empoderamiento, rabia y comunidad.

En paralelo, colectivos queer publicaron **fanzines** sobre sexualidad, VIH, cuerpos, resistencia al normativismo médico y legal. No se trataba solo de contar historias, sino de reclamar espacio, definir el lenguaje y rehacer la representación.

Con la llegada de internet, muchos fanzineros y fanzineras se volcaron al blog, el foro o el sitio web personal. La lógica del fanzine —*enunciación no mediada, autoexpresión, circulación entre pares*— pasó a ser la base de las primeras formas de socialización digital.

Plataformas como *LiveJournal, Blogger, Geocities*, e incluso las primeras redes P2P, heredaron ese espíritu. Proyectos como *Indymedia* (1999) ampliaron el concepto: *"Haz tu propio medio"* en el espacio digital, sin jerarquías editoriales.

Internet, en sus comienzos, era una extensión del ethos **fanzinero**: informal, descentralizado, radicalmente abierto. En esa época generó grandes expectativas como campo para el activismo y el cambio social.

A partir de la década de 2010, la concentración del poder en manos de grandes plataformas como *Facebook, Twitter, Instagram* o *TikTok* altera el entorno digital: la lógica algorítmica sustituye la lógica comunitaria. Los contenidos ya no circulan libremente, sino que compiten por visibilidad. El contenido no se crea para decir algo, sino para ser *"performáticos"* ante una audiencia invisible.

Ante esto, el **fanzine** en papel resurge como refugio y acto político: hacer, compartir, leer fuera del control de las métricas, para estimular el contacto personal cara a cara, fuera del entorno digital.

No queremos postular que estamos viviendo una suerte de "revival" del fanzine, sino que el incumplimiento de las promesas liberadoras del internet ha revitalizado el equilibrio de lo digital con lo analógico. Hay lógicas vinculadas a la realización de un fanzine que pudieran ser útiles, hoy, para superar la parálisis narrativa y la modorra de las organizaciones sociales en momentos de la autocratización del mundo. ¿Cuáles son estas lógicas?

1. Autonomía radical: No depender del mercado, del Estado ni de la academia.

2. La materialidad liberada: puede ser bello sin ser costoso; puede ser precario y poderoso.

3. Conexión afectiva: genera comunidades reales, vínculos que perduran.

4. Memoria corporizada: deja rastro, sobrevive al borrado digital.

5. Subjetividad expresiva: legitima el saber situado, la experiencia, la emoción.

LIBERT@RIO

Correo aereo: (No poner El Libertario) Raúl Figueira,
apartado postal 128, Carmelitas, Caracas - Venezuela
E-mail: ellibertario@nodo50.org, ellibertario@hotmail.com,
periodicoellibertario@gmail.com
Website: http://www.nodo50.org/ellibertario

construcción de una soc
democracia directa, la justi
autogestión, el apoyo mutu
la imposición autoritaria d
el mercado, la ley, la fuerza

UESTA

Colectivo Puye y Autogestione pablohernan@yahoo.com

Cree usted que hay vida era del Centro Comercial?

ántos niños de otros países
dispuesto a sacrificar para
r el teléfono celular último
?

de tres me parecería mal
aría hasta diez si me dan los
rios y el hablapegado gratis
e un año

a mil, pero sólo negros o árabes
nde de la marca
que hagan falta, a condición de
rarme

ee usted que hay vida fuera
ntro Comercial?
mentaria e infrahumana
encia no ha podido establecerlo
uridad
ro afortunadamente los misiles
cascos azules están acabando

ando compro no me hago
as

n un estudio, en los próximos
s habrá que reducir la
ón mundial si queremos
nivel actual de crecimiento
ume. Según usted, ¿ Qué
ro deberían aplicarse para
r a los afectados por este
demográfico?
sorteo
in el poder adquisitivo: los
mínimo y los desempleados
en muy poco
n decidir los más racionales y
resados; es decir, Europa y

ercado se ocupará por si sólo
r la selección

é es lo que más le gusta a
el Museo de Bellas Artes?
astelitos de la cafetería
se puede comprar postales
e recuerda un poco a Zara
oy nunca. Prefiero los parques
cciones

5.- Si se demostrara que el consumo
desproporcionado en Occidente está
poniendo en peligro la supervivencia
del plantea, usted estaría dispuesto
a renunciar:
a) Al planeta
b) A regalar juguetes a mis sobrinos
c) A leer las noticias
d) Confío en que los gobiernos tomen
medidas a tiempo contra los
ecologistas

6.- ¿Por qué cosas cree usted que vale
la pena luchar, arriesgar la vida y
renuncias a su felicidad?
a) Un televisor de 60 pulgadas con
pantalla plana
b) El Nokia último modelo
c) Salir en la "Guerra de los sexos"
d) Por todas las anteriores, estaría
también dispuesto a lanzar bombas

7.- ¿Qué se llevaría usted a una isla
desierta?
a) La tarjeta Banesco del Sambil
b) El Sambil mismo
c) Las rebajas de enero
d) Una pistola para que no me roben
la tarjeta Banesco del Sambil

8.- El poder de los medios de
comunicación hace que podamos ver
al instante lo que pasa en todos los
sitios del mundo, incluyendo los
desastres. ¿Cuáles son las tragedias
ajenas con las que usted más
disfruta?
a) Bombardeos
b) Hambrunas y desastres naturales
c) Torturas
d) En televisión todas parecen bonitas

9.- ¿Y a qué pueblos pertenecen las
imágenes de muerte que más le
gusta sintonizar?
a) Africanos
b) Centroamericanos
c) Árabes y musulmanes en general
d) Todas por igual: no soy racista

10.- ¿Qué cree usted que tienen en
común un libro, una mujer, una
hamburguesa, un carro y unos
zapatos de marca?
a) Que los cinco son objetos
b) Que los cinco son comestibles
c) Que los cinco se pueden comprar
con tarjetas de crédito
d) Nunca compraría un libro

11.- Beatriz de Orleáns,
representante de Christian Dior,
explica por qué lógicamente un bolso
de seda de esa marca cuesta 2.790
dólares: tienen que hacerlo niños
chinos –que cobran 14 céntimos de
dólar la hora– con sus "pequeños
deditos". ¿Cree usted que vale la
pena pagar ese precio?
a) Los niños podrían cobrar un poco
menos
b) Se les podría enseñar a utilizar
también los pies
c) Los niños merecen nuestro sacrificio
d) Demostrar que se tiene estilo nunca
es demasiado caro

12.- ¿Le parece a usted justo que,
mientras un coche pequeño cuesta
más de 6.500 dólares, los paisajes
nublados, el cielo estrellado y el color
azul sigan siendo gratis?
a) Si no se puede comprar, es que no
valen nada
b) Me gustarían más si sólo
pudiésemos verlo los ricos
c) Entre un cielo estrellado y un carro
hay diferencias: el cielo es más barato.
d) Privatizar el cielo sería más rentable

13.- ¿Cuáles son las imágenes que
más le angustian cuando piensa en
el futuro de la humanidad?
a) Una televisión apagada
b) El Sambil cerrado
c) La desaparición de las vallas
publicitarias
d) Estoy seguro que Bill Gates
arreglará cualquier problema que surja

**NINGÚN SUBSIDIO
NINGÚN COMPROM
CON EL PODER**

Vent
mater
para fina
El Liber

Documentales y películas (DVD)
- Testimonios fílmicos de la guerra
civil española (1): «Nosotros somos
así» y «Nuestro culpable».
- Testimonios fílmicos de la guerra
civil española (2): «En la brecha»,
«20 de Noviembre» y «División
heroica».
- Testimonios fílmicos de la guerra
civil española (3): «Ayuda a
Madrid», «Movimiento
Revolucionario en Barcelona»
y «Teruel ha caído».
- End of suburbia: Crisis del petróleo
y fin del sueño americano
- Compañeras
- La Cuarta Guerra Mundial
- Videoactivismo ecologista: 6 videos
contra la explotación del carbón en
el Zulia
- A partido único, periódico único
- La sociedad del espectáculo
- Anarquistas 1
- Anarquistas 2: Mártires
y vindicadores.
- Nuestro Petróleo y otros cuentos.
- La pesadilla de Darwin
- Los Sin Tierra: Por los caminos de
América, la historia del MST.
(Más en catálogo...)

Textos:

SIMÓN SAEZ
Hay hombres q
toda la vi

- El último discurso
Simón Sáez Mérida.
- «Militarismo y can
de Humberto Decar

Música:
- Marcel Duchamp: C
nosotros mismos
- Behind Enemy Line
enemy
- David Domínguez:
- Notas de Libertad:
de trova anarquista
- Cambiar el mundo
al poder: Recopilato
(Más en catálogo...)

---

ferencias de la Quinta con el pasado

Lo certifico!

**Cuando oigo la palabra
«cultura» agarro mi
revolver**

**Cuando oigo la palabra
«cultura» agarro mi
cheque**

Más información, lista completa y precios en ellibertario@

TRIBUCION

Barcelonana
Biscucuy
Caracas
Clarines
Maracaibo
Maracay
Mérida
Maturín
Puerto La Cruz
Punto Fijo
San Cristóbal
Valera

Barcelona (Esp)
Buenos Aires
Campinas
Cali
California
Tenerife
Valencia (Esp)
Viña del Mar
Montreal
ncepción
Rosario
rancia
San José (CR)
jara
Santiago de Chile

Guayaquil
Houston
Madrid
México D.F.

A

BARCELONA (VZLA): anarko_durruti@hotmail.com **BARCELONA (España):** juanmi@riseup.net **BARQUISIMETO:** daniroul
BUENOS AIRES: Federación Libertaria Argentina fla2@radar.com.ar **CAMPINAS (BR):** clautopovos@hotmail.com **CALI**
Colectivo Incendio < incendio@riseup.net > **CARACAS:** *UCV* Librería Hoy por hoy (Pasillo de Ingeniería, entrada de la Facultad de
**Kiosco de Comunicación Social; Librería El Color de las Vocales; Kiosco Azul-prensa;. Kiosco de periódicos frente a UBV-
Tienda Anarkia** (C.C. City Market, Sabana Grande), **Librería LiberArte** (C.C. Los Chaguaramos), **Librería Atausibo** (USB), **Organi
Garrido** (Av. María Teresa Toro de Las Acacias, Resid. Carmencita, 0212-632.52.91) < travolibertario69@yah
< rafael_manrique11@hotmail.com > **Centro de Estudios Sociales Libertarios** (Esq. San Luis con Calle Blasina, Sarría), Pre
Panteón, Puente Trinidad a Tienda Honda, Edif. centro Plaza Las Mercedes, PB, local 6) **CLARINES:** asearellano@yahoo.es
vitocacareloco@gmail.com **GUANARE-BISCUCU*:** angrykultur@linuxmail.org **CALI:** lumpenrec@tutopia.com **FRANCIA:** jubilat
GUADALAJARA (Mex.): Cooperativa Regeneración cooperativa_regeneracion@yahoo.com **GUAYAQUIL:** < chivolodiskos@
HOUSTON: bbgdream@hotmail.com **MARACAIBO:** jpnmar@cantv.net **MADRID:** Fundación Anselmo Lorenzo, Calle Peñuelas, #
MARACAY: Grupo de Estudio y Trabajo Pueblo y Conciencia migdaliavall1@yahoo.es **MATURIN:** < clemenskate63@
< kurtrobain769@hotmail.com > < yohannnw4@hotmail.com > < choprerx.augusto@gmail.com > **MERIDA: (VZLA):** akemi_lih
MEXICO DF: Centro Social Libertario Ricardo Flores Magón (CSL-RFM), Cerrada de Londres no. 14 interior 1, Col. Juárez, a
estación del metro Sevilla. **MONTREAL:** Librairie Alternative L'Insoumise < salonanarchiste@taktic.org > **PUER
anarko_durruti@hotmail.com **PUNTO FIJO** < jormil123@hotmail.com > < espirituibertariorekords@hotmail.com > **SA
< isrodriguez44@hotmail.com > < reinaldopunk@hotmail.com > **SAN JOSÉ DE COSTA RICA:** liberpunka@yahoo.es **ROSA
Alberto Ghiraldo < ghirarld@hotmail.com > **SANTIAGO:** < info@mesapunk.org > < amanecer.libertario@gmail.com
guanil68@hotmail.com **VALENCIA (Esp.):** < atalmargen@nodo50.org > **VALERA:** luzdecambio@hotmail
< rohipnolli@hotmail.com > **VIÑA DEL MAR:** distro@traidores.org

istribuir este periódico en tu zona es muy fácil. Pregunta al e-mail: ellibertario@nodo50.org :: Unete a la red de resistencia antiautoritaria y difunde la autogestión e

¿Duerme usted señor presidente?

EL PRESIDENTE vive gozando en su palacio,
come más que todos los nacionales juntos
y engorda menos
            por ser elegante y traidor.
Sus muelas están en perfectas condiciones;
no obstante, una úlcera
le come la parte bondadosa del
corazón
y por eso sonríe cuando duerme.
Como es elegido por voluntad de todos
los mayoritarios dueños de inmensas riquezas
            es un perro que manda,
            es un perro que obedece a sus amos,
            es un perro que menea la cola,
            en un perro que besa las botas
y ruñe los huesos que le tira cualquiera
            de caché.
Su barriga y su pensamiento
es lo que llaman water de urgencia
Por su boca
            corren las aguas malas
de todas las ciudades.
Con sus manos destripa virgos
            y
como una vieja puta
es débil
y orgulloso de sus coqueterías
            Se cree el más joven
y es un asesino de cuidado.
Nadie podría decir
cuál es su gesto de hombre amado,
porque todos escupen su signo
y le dicen cuando pasa:
"Ahí va la mierda más coqueta".
            Cuando
se paga la luz,
                        el teléfono,
                                    el gas
y el agua,
            como un recién nacido,
entre cuidados y muelles colchones,
            la vueja zorra duerme.
Nada le hace despertar.
EL PRESIDENTE vive gozando en su palacio.

Poemario de Caupolicán Ovalles, Caracas en 1962, confiscado por la policía y que le ocasionó el exilio a su autor.

Portada El Libertario número 30. Caracas, noviembre 2002

OBJETOS FÍSICOS EN UN MUNDO DIGITAL

vecesllegan cartas

<dapartidasecreta@hotmail.com>
a: ellibertario@hotmail.com
nto: lps
na: Fri, 18 Oct 2002 22:09:56 +0000

dos:
e San Felipe -Yaracuy, les escribe LPS
partida secreta).
os la primera agrupación de punk y al
no tiempo la banda mas vieja activa
almente en el estado.
mos planificando nuestra segunda
nización y estamos en procesos de
ructuración. Durante casi cinco años
os evolucionado, comenzamos desde
pero siempre con una esencia punk, con
anscurso de los años la banda se fue
dificando y sacamos nuestro primer
100% autogestionado. (Viva el punk)
su nombre lo indica es un álbum punk
ideológica como musicalmente.
a en esta etapa cambiante de la banda,
mos en procesos de planificación y
nización, ya hemos llegado a la
lusión de grabar un nuevo demo, el
lo pensamos hacer anarkopunk,
icalmente vamos hacer punk rock bien
orado y en cuanto a su contenido se
a divulgar el movimiento anarquista.
eramente queremos comenzar a ser
os del movimiento, vamos a luchar en
zona para expandir el ideal anarquista
medio de la música y queremos
nzar aclarando el concepto o la
ición de anarquía en sí, el cual esta
mente equívoco en esta región, esa es
tra principal meta. Por ello, les
emos hacer saber que cuentan con
tros para mantener viva la resistencia
andir el ideal libertario.
lmente cuando terminemos nuestra
nización, tenemos planeado realizar un
o el cual queremos que sea una jornada
taria de expansión, por esto, pensamos
arlos a San Felipe para unirnos por la
a.
nas nada que decir nos despedimos de
les, esperando su respuesta y toma de
sión.

<accionespontanea@hotmail.com>
a: ellibertario@hotmail.com
to: c.n.a. santiago
a: thu, 31 oct 2002 23:41:39 +0000

compas del libertario el motivo de este
es para decirle que aca queremos afiliar
os presos a su periódico ya que en el
o libertario que vi sale eso solo tengo
nandarle la dirección que es de un fa-
r directo que entrego los periódicos
la molotov de España y etc bueno
o respuesta después les mandare la
ción salud

apuntes sobre la desobediencia civil

Ender Ynfante
alexeinfant@tutopia.com

"El mejor gobierno es aquel que no gobierna en absoluto."
H. D. Thoreau

La oposición al régimen "chavista" aglutinada (o más bien acorralada) en la llamada Coordinadora Democrática es uno de los parapetos más oportunistas e improvisadores que se halla visto por estos tiempos, ellos se han atribuido el derecho de representar toda la disidencia, colaborando con la visión maniquea de la actual coyuntura y viéndose a sí misma como futuro gobierno. Ellos (los de la coordinadora) han utilizado a su conveniencia el malestar del pueblo y, actuando como agentes de las élites de las clases más adineradas del país, con todo el poder que ellas poseen, han ayudado a formar una amalgama de opiniones, utilizando sus mass media, que busca sacar el actual gobierno para volver al orden idílico de robos a manos llenas y amiguismos de la cuarta república, ya que no tienen cabida en la actual bacanal del despilfarro de recursos de los "revolucionarios bolivarianos".

En estos días de tanta convulsión político-militar y social es muy común oir de boca de los voceros de la oposición y del gobierno múltiples alusiones a personajes y conceptos que pueden sonar exóticos a los oídos de las personas, siempre con la intención de manipular y sacar el mayor provecho y sin tener el menor pudor a la hora de citarlos. En tal sentido, lo que sigue son unos apuntes que surgieron a raíz del vilipendio de un concepto del cual se han valido algunos de los miembros de la "coordinadora" para hacer algo de propaganda, sin saber, creemos, de qué se trata. Y digo esto porque la forma como emplean el concepto Desobediencia Civil dista mucho de lo que escribió Thoreau.

¿QUIEN ERA HENRY THOREAU?

Dice Henry Miller de Thoreau, "De ninguna manera fue un demócrata, al menos no tal y como hoy entendemos el término. Fue más bien lo que D.H. Lawrence llamaría un 'aristócrata del espíritu', un ácrata. O sea, lo más raro de encontrar sobre la faz de la tierra: un individuo. Estuvo más cerca de ser un anarquista que un demócrata, un comunista o un socialista"; Max Lerner: "rechazó el sistema de las fábricas y la producción en serie porque entrañaba la explotación de los demás. Rechazó también el culto al éxito y el credo puritano del trabajo constante porque ello significaba la explotación de uno mismo". Fue mucho lo que escribió y construyó, tanto que sería necesario más de este modesto espacio para referirnos a su vida. Solo diré que su ensayo La Desobediencia Civil lo inspiró el atropello sufrido por negarse a pagar un impuesto que estaba destinado a costear la guerra que mantenía su país con México entre los años 1846-48.1

Thoreau

A ciertos señores de la Coordinadora: la desobediencia civil no se refiere a la negación del gobierno de turno sino a la oposición al estado en su esencia; la sociedad debe tender hacia un porvenir sin gobierno constituido, ya que éste es a lo más una conveniencia para determinadas élites, pero para la mayoría de la población se ha mostrado completamente inútil e inconveniente. El estado se ha encargado de crear instituciones que apoyen su dominación (como el ejército), de tal modo que la lucha en contra de éste debe ir de la mano de la lucha contra dichas instituciones. Existen muchas pruebas fácticas que muestran como distintas organizaciones y particulares poderosos (que muchas veces están en el mismo gobierno) han utilizado los mecanismos del estado para hacer su voluntad de manera descarada, aún presentándose una manifiesta oposición de la población a que se materialicen tales acciones. De tal manera que su vocación colectivista está en entredicho.

El gobierno se muestra como un ente atractivo para que sea él quien solucione los problemas, sin embargo, es el estado el que más trabas pone al libre desarrollo de la iniciativa individual y comunitaria. El único tipo de gobierno que debe existir es el "gobierno" del colectivo, el dominio que cuente con el concurso de las personas y con el cual éstas se comprometan; que sea cada persona quien elija qué tipo de convivencia con sus semejantes quiere y respetaría, y en función de esto actuar. Lo más importante no es cultivar el respeto a la ley sino el derecho a dicha ley; el camino a seguir es el libre albedrío, la voluntad de hacer lo que se considere correcto y no el status quo establecido en un papel.

La sociedad no debe permanecer inane ante la acción opresora de un gobierno para con sus habitantes u otros países, la población debe actuar d
revolucionaria; la conveniencia utilita
no se justifica por el mero benefi
pasando por encima de los demás
reivindicaciones, y la sociedad en
permite tal coacción. Las reglas asu
superior conducen a la negación de
porque qué más se puede decir, por
que cumplen las órdenes de asesina
conocerlas y sin que les halla hech

Resulta altamente cínico e inmo
élites iluminadas, pseudo-intelectu
las masas no están en condi
transformaciones, callando o evad
les consulta sobre posibles solucion
desigualdades sociales. En tal sent
el proceso democrático se asume c
votar por una opción cualqu
responsabilidad a la mayoría, de tal
otro quien actúe primero en la ayu
debe dejarse que sea la inercia de
las cosas; no es el devenir de la ruti
que se considera equivocado.

Tal vez el ciudadano común se
ausencia de la protección que le brin
las consecuencias que traería pa
bienes dicha desobediencia. Si se
más sano es desprenderse de todo
estéril de bienes de fortuna; más aú
y no depender de nadie. El afán de
la subyugación al estado. Cuando u
en un contribuyente de la acción de
la perpetuación de causas que él mi

Los ciudadanos están llamado
de transformación, sujetos que
iniquidades que padecen. En su d
que "En su mayoría, los hombre
fácilmente de un punto a otro. C
raíces-madres, escasa profundidad
debajo, tierra que se arroja lejos y a
de lo que se trata es de sembrar co
lo que se hace, siempre con la flex
adaptación a nuevas circunstancias
dogmática. La estela de desencuent
paradigmas son incalculables. Buer
cipal creencia es el deber, la creenc
imprescindible.

(1) Las citas de este párrafo fuer
escrito por Ibsen Martínez "Thoreau y
Thoreau escribió Una semana en los ri
(1849); Walden, o la vida en los bosq
obras

¿porqué seré anarcofeminista?

a Carmen

uándo me preguntaste por qué soy anarco-
ista con ese tono de voz tan paternalista
de más que sonreirte, encogerme
mbros y contestarte "porque sí"
qué porque sí? Porque más que
stas tengo preguntas, preguntas
e hago desde siempre.

Será porque estoy cansada de que me
como si fuera menor de edad?

Será porque cuando era chica se me quedaron
ntadas las ganas de subir a los árboles porque
lo era cosa de varones y no había que ser
orra"?

Será porque me moría de ganas de jugar a la
y sólo se me permitía jugar a las casitas, a las
cas, a leer cuentos como Blancanieves, la
Durmiente, la Cenicienta y al igual que a ellas me
an a esperar al príncipe azul que me salvaría y me
ería de todos los males de este mundo. Y a cambio
yo sólo debía ser
uena y complaciente?

Será porque aún tengo grabadas las culpas de las
as inapropiadas permitidas al novio de la
... mi generación?

¿Será porque cada vez que durante el almuerzo o la cena cuando alguien reclama que falta la sal, o algo por el estilo, se espera que sea yo la que se levante a buscarlo?

¿Será porque quiero compañero, caminar por la vida a la par, no delante ni detrás tuyo?

¿Será porque quiero pensar por mi misma sin pedir permiso?

¿Será porque quiero hacerme cargo de mi propia vida, en lugar de cargar sobre las espaldas de un varón mi subsistencia?

¿Será porque espero que cada vez que me equivoco no se juzgue que el error que cometo se debe a mi condición de ser mujer?

¿Será porque tengo la ilusión de que si repartimos y compartimos las tareas domésticas, la crianza de los hijos, las tareas que generan dinero, conocimiento, la toma de decisiones etc., etc., nos permitiría a mujeres y hombres crecer juntos y sería la cotidianeidad más placentera?

¿Será porque me llena de bronca este modelo de hombre que anda por la vida con un teléfono celular colgado de cada oreja, con la risa ahogada por el nudo de la corbata seduciendo mujeres-niñas en potentes autos y practicando sexo expeditivo y descartable a fuerza de ...
hombre que esté menos preocupado por su potencia sexual y se desnude en su sensibilidad, su ternura, sus miedos, sus alegrías sus sueños, sus utopías?

¿Será porque no tengo ganas de esperar a que hagamos la revolución para resolver la relación de poder que existe entre hombres y mujeres y en la que en la mayoría de las veces, salvando las honrosas excepciones que confirman la regla, las mujeres pasamos a ser propiedad de los varones?

¿Será porque me suena a "verso" el discurso en el que se escudan los "revolucionarios" que dicen que están tan ocupados con la revolución que no tienen tiempo para el compromiso afectivo, y al igual que los burgueses caen en el ejercicio de la práctica del sexo fácil sin compromiso bastardeando la excelencia del amor libre?

¿Será porque creo que ser libre no es hacer lo que me da la gana sino elegir con qué y con quienes me comprometo?

¿Será porque quiero llevar a la práctica cotidiana tanto discurso de solidaridad, libertad, no a la jerarquía, y necesito el equilibrio entre lo que pienso y lo que siento?

¿Será porque me enoja ver cómo el sistema capitalista prostituye nuestra lucha haciéndole creer a la sociedad que la igualdad que el feminismo reclama existe, pues las mujeres hoy pueden ingresar a la política, a la policía, al ...

¿Será porque creo que la revol
por casa?

¿Será porque cuando nos pl
revolución "con" y no "para" en e
quiero que me incluyas?

¿Será porque la exigencia de s
todas las cosas como proyecto de v

¿Será porque además quiero
quien, y en qué circunstancias ser r

¿Será porque quiero elegir no

¿Será porque no quiero que cad
grito, levanto la voz, o estoy de mal h
de histérica o menopáusica?

¿Será porque considero necesa
comprendas e internalices que el ar
es sólo un problema de las mujeres

Repensar los roles que tenemos
y hombres con el objeto de someter
tenemos que enfrentar juntos, es el
propongo. ¿Cómo vamos a hacer la
no podemos revolucionarnos a noso

¿Será porque pienso que si
anarquismo, espacio donde corren
dónde, decime compa, dónde poden
las tempestades de la dominación
formados?

¿Será porque además de la uto
sin Estado, sin Iglesia, sin policía, sin

OBJETOS FÍSICOS EN UN MUNDO DIGITAL

Las ventas de libros impresos han caído dramáticamente: desde aproximadamente 17 mil millones USD en 2007 a apenas 9 mil millones en 2021 en EE.UU., y con caídas similares en Europa y América Latina. No obstante, esto no implica necesariamente que debamos abandonar lo impreso. Lo que está colapsando es el modelo editorial masivo. Mientras tanto, fanzines e impresiones locales siguen sosteniendo una economía de lectura que es afectiva, situada y sostenible en pequeña escala. Frente a la lógica industrial insostenible, imprimir con propósito y conexión —aunque sea pocas copias— no es un atentado ecológico sino una política consciente.

Una crítica fácil a nuestra reivindicación de los objetos analógicos sería su *"huella ecológica"*. Leer un PDF, navegar por redes sociales o almacenar datos en la nube no es inocuo. Internet funciona sobre infraestructuras energéticas enormes: centros de datos, servidores, redes, dispositivos, minería de criptomonedas, baterías de litio… Habría que agregar la ansiedad social por la renovación de los smartphones, donde cada nueva versión ofrece más posibilidades para la interacción en redes sociales.

Leer en digital no significa actuar en clave ecológica. Muchas personas leen compulsivamente, se saturan de información, olvidan al instante. El exceso de velocidad y fragmentación digital debilita la atención, la memoria y el compromiso. Especialmente si esto se hace sin una conciencia propia de los contenidos, sino pasando de manera infinita lo que te muestran los logaritmos en las pantallas de los smartphones.

Desde una perspectiva de ecología social, cuidar la naturaleza no es solo reducir emisiones, sino reconfigurar nuestras relaciones con el entorno y entre nosotros y nosotras. Lo ecológico es también lo que genera comunidad, no lo que aísla bajo pretexto de eficiencia energética.

Defender la impresión objetos físicos para leer no significa reproducir el modelo industrial depredador de la gran edición comercial. Significa reivindicar la producción cultural lenta, significativa y relacional, donde el acto de leer sea parte de un compromiso ético con el mundo.

No se trata de elegir entre lo digital y lo impreso, sino de cuestionar los modelos de producción, distribución y lectura que nos han impuesto ambos sistemas. Y de apostar por prácticas editoriales responsables, sostenibles, pero también políticas, afectivas y vivas.

No somos los únicos que defendemos la materialidad de lo palpable sobre lo gaseoso de la digitalidad. El filósofo coreano Byung-Chul Han escribió sobre cómo la era digital ha transformado nuestra relación con el mundo, pasando de un enfoque de objetos tangibles a uno en información y datos. En su libro "No-cosas. *Quiebras del mundo de hoy*" explica que la digitalización de la vida cotidiana ha llevado a una pérdida de la experiencia profunda, la conexión con la realidad y la capacidad de contemplación, generando un mundo cada vez más vacío y superficial.

Para Han las cosas nos anclan existencialmente, siendo portadoras de sentido, duración y afecto. Cuando Carlos Marx intentó explicar el mundo a partir de las relaciones económicas de producción subestimó la subjetividad propia de los seres humanos. Los objetos no eran simples mercancías portadoras de plusvalía. Una mesa donde una familia ha comido durante años ha dejado de ser una simple estructura funcional de madera, equivalente a un determinado valor de cambio. Esa mesa forma parte del mundo afectivo y de la memoria de los integrantes de ese núcleo familiar. Cuando ellos la contemplan no ven un precio, sino recuerdos de lo que ocurrió alrededor de ella.

Byung-Chul Han califica como "*no-cosas*" los datos, flujos de información, algoritmos, contenidos digitales que se acumulan sin forma, sin historia, sin duración. Son intangibles, efímeros y se consumen rápidamente. Para el coreano habitar en un mundo de no-cosas genera desarraigo existencial, pérdida de interioridad y de la noción del tiempo, desaparición de la experiencia, sustituida por la *"vivencia digital".*

En su opinión recuperar las cosas sería recuperar el arte de habitar el mundo. Las cosas requieren cuidado, atención, tacto. Las cosas están cargadas de afectos: no solo existen, sino que significan algo. Nos invitan a la lentitud, a la contemplación, a la pausa. Permiten que se construyan relaciones duraderas. En consecuencia hacer un **fanzine** sería rechazar la lógica de la no-cosa: es volver al cuerpo, al papel, a la duración, al vínculo tangible con los objetos. Con los otros.

Ideas similares son compartidas por el periodista canadiense David Sax. En su libro *"The Revenge of Analog: Real Things and Why They Matter"* señala que objetos como discos de vinil, libros impresos, cámaras fotográficas analógicas y tiendas físicas están experimentando un renacimiento porque satisfacen necesidades humanas que lo digital no puede reemplazar: la experiencia sensorial, el vínculo emocional, la conexión social y el sentido de autenticidad.

El periodista no propone un rechazo a lo digital, sino una revaloración de lo analógico como una necesidad humana fundamental: estar en contacto con el mundo real, con cosas que se pueden tocar, compartir, conservar. Las tecnologías pasan, pero los objetos que nos hacen sentir, recordar y conectar, persisten.

Se nos podría argumentar que esta valorización de los objetos es parte de una –pasajera- moda vintage. La artista rusa Svetlana Boym tiene una respuesta para ello. En su libro *"The future of nostalgia"* desarrolla que la nostalgia no es simplemente un deseo de volver al pasado, sino que tiene la capacidad de ser un acto reflexivo y subversivo, una forma de imaginar futuros distintos. En contextos de cambio tecnológico, político o cultural, la nostalgia puede abrir preguntas, desacelerar el presente y recuperar el sentido de comunidad, experiencia y pertenencia que lo moderno o lo digital han erosionado.

Al respecto, Boym distingue dos tipos diferentes de nostalgia: La restaurativa y la reflexiva, La primera pretende reconstruir el pasado *"tal como era"*, siendo común en los discursos nacionalistas o reaccionarios –tanto de *izquierda como de derecha-*. En contraposición, la nostalgia reflectiva acepta que el pasado no puede volver. En lugar de reconstruir lo evoca críticamente, habitándolo con ironía, afecto y duda.

La autora sugiere que la nostalgia, lejos de ser una emoción conservadora, puede ser una herramienta crítica: Resistiendo la tiranía del presente acelerado y del olvido sistemático que imponen el mercado y la digitalización; Inspirando prácticas creativas como el archivo comunitario, los dispositivos de memoria o la edición independiente. Asimismo, indica que tiene la potencia de repolitizar lo íntimo, haciendo visible lo que se ha obligado a ser invisible o descartable.

En su desarrollo la artista rusa incluye algo a lo que volveremos más adelante. Los objetos físicos, como los **fanzines**, se convierten en anclas de memoria. No son simples adornos *"retro"*, sino dispositivos de narración personal y colectiva. La idea de nostalgia para Boym es tanto una estética como una ética: un modo de narrar lo que no entra en los discursos dominantes.

Compañeras en la Biblioteca Social Reconstruir, México. La de la derecha es Marta > foto El Libertario

s anarquistas tienen
arma: **las bibliotecas**

...e haya estado comprometido con una
...e un cambio en la sociedad o en las
...nsciente de la importancia que la infor-
...e solo circula por canales alternativos,
...fe vista y lo valioso que les suministra-
...on no estén mediatizados por obligacio-
...nas a sus usuarios.

...a información de tinte libertario, cuya
...imiento es una constante del movimi-
...nte toda su historia, tienen un compro-
...ecuperación del pasado, pero también
...ntros vivos, que editan obras y recogen
...disposición de quien lo necesite acceso
...ectrónica. Asimismo, son espacios de
...ización, que se gestionan y mantienen
...aciones voluntarias.

...glo XIX, en plena expansión del pensa-
...s sindicatos y federaciones anarquistas
...en la creación de Ateneos y Bibliotecas.
...riedad de los recursos y las altas tasas
...consiguen agrupar a decenas de miles
...de estas casas del conocimiento libre.
...mental, entre otros, la edición y difu-
...algo que hasta el momento distingue a
...stas. Con frecuencia, la lectura colectiva
...dio más adecuado para difundir la Idea.
...los tiempos, el movimiento écrate ha
...nas salas alternativas de lectura llama-
...lendo la tradición del trabajo voluntario
...ón, ponen a disposición de los interesa-
...ial, revistas o fanzines editados por gru-
...dades y países utilizando como herra-
...internet. A su vez, tejen redes de apoyo
...tre diversos centros.

...formadora y autodidacta, la cual forzo-
...or la puesta en práctica de una nueva
...ace cien años que los grupos libertarios
...temas que son centrales para el conoci-
...dor de hoy (ecología, sexualidad, medi-
...). A comienzos del siglo pasado los
...ngulan por su alta capacidad de discer-
...ineracia el respeto y admiración de sus
...rización encontraría eco en los ateneos
...otecas, dónde no solamente era posible
...a cultura libertaria sino del conocimiento
...ersidad y, su contraste, era la apuesta
...en su viaje personal al saber, tomara
...us propias decisiones.

...la anarquista de siempre ha tenido en las
...ramienta para la formación y la difusión
...nseñanza continua y el autodidactismo
...los libertarios han demostrado que la
...otecas es un elemento imprescindible
...nformación evolutiva de la sociedad.
...trabajo voluntario y común, la imprenta
...libros ha sido y es un ejemplo real de lo
...a quendo inutilizar con la etiqueta de.

CAS REPRESENTATIVAS DEL
LIBERTARIO EN IBEROAMÉRICA
Social Reconstruir (México)

...de la década de los 80´s, en
...libros y revistas de corte libertario. En
...ua colecciones de otras publicaciones, lo
...spués se transforma en una biblioteca
...dos días y la semana. La Biblioteca
...cuenta con dos secciones: la anarquista
...lección libertaria es muy valiosa; ahí se
...hoy difícilmente conseguibles, por ejem-
...ediciones de Ricardo Flores Magón, o
...pasado de Proudhon o Eliseo Reclus

Mestre, la BSR es mantenida por el movimiento anarcapunk
de la capital, especialmente por el colectivo al que pertenecen Héctor Hernández y Marta García los cuales organizan conciertos y venden fanzines para poder correr con los
gastos de su mantenimiento.
Dirección: Morelos nro. 45, despacho 206, Ciudad de
México
libertad@mail.internet.com.mx

Biblioteca Popular José Ingenieros (Argentina)

Tras la dictadura de Uriburu, en Argentina se
encontraba en el poder Agustín Justo quien continúa la
represión contra el movimiento obrero en general, y
decididamente contra el de signo anarquista. El primero
de julio de 1935 militantes anarquistas y socialistas deciden
fundar una biblioteca cuyo primer local fue un pequeño
garage ubicado en la avenida Juan de Garay, entre el Pje.
Pereyra y Castro de Buenos Aires. Con los años se mudan
a su local definitivo en Juan Ramírez de Velasco, al cual
los socialistas dejan de asistir. Sus primeros promotores se
contaban en la Federación Obrera del calzado, adherida a
la FORA el sindicato anarquista argentino, así como los
editores del periódico La Protesta. La biblioteca sufrió
durante los años de las sucesivas dictaduras militares
innumerables allanamientos y cierres, pero la militancia
privilegiada el esfuerzo por mantener sus puertas abiertas.
Dirección: Juan Ramírez de Velasco, 958, 1414 Buenos
Aires.

Local de la Federación Libertaria Argentina (FLA), sede de BAEL

Biblioteca-Archivo de Estudios Libertario, BAEL (Argentina)

La BAEL es mantenida por la Federación Libertaria
Argentina, FLA, cuyos orígenes se remontan a la década
del 50 cuando la Federación Anarco Comunista Argentina
cambia su denominación. En la sede de la Federación se
han acumulado durante décadas una gran cantidad de
publicaciones y libros relacionados con el movimiento
anarquista, tanto de Argentina como de otros países.
Entre sus colecciones sobresalen la de revistas y
publicaciones periódicas, algunas históricas como "La
Revista Blanca", "Tiempos Nuevos", La Protesta y el
órgano de la FLA El Libertario de Buenos Aires.
Dirección: Brasil 1551, 1159 Buenos Aires.

Centro Cultural Biblioteca y Archivo Luce Fabri (Uruguay)

Compañeros uruguayos han denominado...

Acción Libertaria y de la Revista Opción Libertaria con el
nombre de la compañera Luce Fabri, fallecida hace dos
años y gran activista de la difusión del anarquismo en el
país austral. Este biblioteca cuenta con un importante
volumen de libros, diarios, semanarios, revistas y
correspondencia recolectado durante años.
Dirección postal: Casilla de Correos 141, Montevideo.

Fundación Anselmo Lorenzo (Madrid)

Anselmo Lorenzo fue el autor del texto "El proletariado
militante", libro de cabecera del anarcosindicalismo español.
El fondo bibliográfico del centro de documentación que
lleva su nombre supera los 10.000 títulos y 2.500 las
publicaciones libertarias, cuyo amplio número data de antes
de 1940. La FAL cuenta con una interesante videoteca,
formada de diversas fuentes, entre ellas el material
depositado por el Sindicato de Espectáculos Públicos de la
CNT. Destaca la edición de diversos libros, cuyas ediciones
superan la cincuentena agrupados en varias colecciones;
así como la distribución de numerosos libros de temática
anarquista editado por otras editoriales.
Dirección: Paseo Alberto Palacios 2, 28021 Madrid.

Centro de Documentación Histórico-Social / Ateneu Enciclopédic Popular (Barcelona)

La fundación del CDH-S data de 1977 por decisión de
militantes libertarios que se reunían periódicamente en la
Pizzería "La Rivolta" de la calle Hospital de Barcelona. En
1989 deciden recuperar el Ateneo Enciclopédico Popular
(idea original de 1902) con el afán de ayudar en la formación
de las clases más desfavorecidas de la sociedad.
Actualmente disponen de un acervo de 23.000 libros y
7.000 títulos de prensa. El Ateneo se dedica a la realización
de actividades culturales y la organización de exposiciones
temáticas, conferencias, debates, tertulias, excursiones y
recitales de poesía.
Dirección: Passeig de Sant Joan, 26 1r- 1° -08010
Barcelona-

El Libertario conoce de la existencia de otras bibliotecas
libertarias en Chile, Perú, Bolivia y Brasil. Animamos a los
compañeros y compañeras activistas, bandas musicales,
estudiantes y obreros a mantener el empeño por fundar y
mantener estos epicentros del conocimiento libre, esta
lucha por elevar el nivel cultural y político de nosotros y de
nuestros iguales. Todas se mantienen del aporte voluntario,
sin ningún tipo de subsidio estatal o privado, por lo que
cualquier aporte será infinitamente agradecido por sus
promotores.

LIBERT@RIO

Vocero ácrata de ideas y propuestas de acción :: Año 15 #60 :: Septiembre-Octubre 2010 :: VENEZUELA, PLANETA TI

Esta publicación no acepta subsidios y se financia de su venta: 3 Bs. F / 1000 pesos (Col) / 500 pesos (Chile) / 1 dólar / 1 euro

15 años de independencia y autogestión editorial

Foto: Nelson Garrido

EL PODER:
Diferentes máscaras
La misma opresión

POR UNA VENEZUELA LIBRE Y

el LIBERT@RIO

Portada El Libertario número 60. Caracas, septiembre 2010

Vocero ácrata de ideas y propuestas de acción :: Año 15 #60 :: Septiembre-Octubre 2010 :: VENEZUELA, PLANETA TI

Esta publicación no acepta subsidios y se financia de su venta: 3 Bs. F / 1000 pesos (Col) / 500 pesos (Chile) / 1 dólar / 1 euro

UN DISPOSITIVO PORTÁTIL DE MEMORIA

BLOG DE EL LIBERTARIO

Como una manera de informar y opinar cada día sobre los acontecimientos regionales, haciendo énfasis en Venezuela, El Libertario ha abierto un blog que puede visitarse en la siguiente dirección: http://periodicoellibertario.blogspot.com

200

Suscripciones solidarias proyecto editorial para independencia. El costo 30.000 bs (30 Bs. F.), recibirás 6 ediciones en ellibertario@nodo50...

itorial

iscurso del presidente atoriano Rafael Correa, en marco de las celebraciones 5 de julio en Caracas, arar un poco más el papel iernos autodenominados s" en América Latina. En ón, el primer mandatario organizaciones sociales de e conservan autonomía y le convocatoria: ecologistas s, quienes sin eufemismos erizado como neoliberal y a continuación del modelo a basado en la exportación buros: "Quieren impedirnos stros recursos, no nos sirve os y estar sentados en un ro". Correa expresó con quiénes constituían la amenaza para el tipo de idad que representa: "El ro para los socialistas no son os ni los pitiyanquis (...) son un nuestras banderas y con o ridículo toman nuestros le hacen daño. Hay que estar el izquierdismo infantil del a que es el mejor aliado quo".

dus operandi de la n ciudadana" tiene os con los procesos os tanto en Bolivia como en Las expectativas generadas ección de un presidente el país del Altiplano, se han esinflando debido a la on de políticas extractivistas, con las compañías les y la sumisión de las es de mujeres, indígenas y a los denominados "grandes interés nacional". Desde or su parte, se ha revertido de nacionalización de la petrolera tras el ento, por la vía de los hechos, as de capital mixto donde como Chevron, Repsol y BP del Estado venezolano. No ue esta subordinación al lanetario energético, ocurra a globalización, ocurra a íderes carismáticos y la quierdista en países cuyas demostraron significativa le resistencia y movilización o programas de ajuste n la década de los noventas. que eran casi impensables s atrás, debido al rechazo e hubieran generado, hoy rumentarse cómodamente onstruir un modelo de dad basado en incorporar sectores antisistema al estatal, con una frenética sciplinaria y de marketing

para transformar en "revolucionarias" políticas de entrega de los recursos naturales a los principales compradores internacionales.

En este esquema, donde conviven las apetencias de poder locales con las bolsas de valores mundiales, Venezuela se promociona a sí misma como vanguardia. En parte, por la mayor capacidad de negociación que representa el poseer grandes reservas de gas y petróleo de la región; y porque, a diferencia de sus pares, la jefatura del "Socialismo del siglo XXI" tiene como soporte a los movimientos sociales más débiles e institucionalizados del continente. La ausencia de un discurso e historicidad propia, la repetición de la cultura política adeca, la sustitución de los lazos de solidaridad horizontal por la fidelidad incontestable con la cúspide del poder; así como la electoralización de sus agendas de movilización, forman parte del desierto movimientista creado tras una década de gobierno bolivariano. Es por ello que los ingredientes de la exitosa receta durante la década, se repiten ante la proximidad del 26 de septiembre: las aspiraciones populares deben hipotecarse al día después de las urnas electorales. Sin embargo, los tiempos no son los mismos. Todas las evidencias reflejan el progresivo desgaste de la hegemonía bolivariana, y este descontento -cosa muy significativa-, no está acarreando agua al molino de los partidos y tendencias desplazados del poder en 1998.

Si algo hemos aprendido de los últimos años es que las verdaderas transformaciones no surgen por decreto, por mágicas sustituciones de nombre o por el altruismo de caudillos o líderes providenciales. Los cambios, profundos y auténticos, surgirán por la cultura y beligerancia generada desde las iniciativas sociales y populares autónomas, de base e independientes. No son los votos los que acabaran con la pobreza y las injusticias, sino nuestro hermanamiento desde los conflictos en los que participemos y el apoyo en todos y cada uno con los sectores en lucha por la dignidad humana. L@s anarquistas, y muchos otros y otras, sabemos que nuestro puesto no es la Asamblea Nacional ni el Palacio de Miraflores. Nuestro lugar se encuentra junto a los trabajadores tercerizados y precarios del país, los indígenas que pelean por sus tierras, los familiares de las víctimas de abuso policial, las organizaciones de derechos humanos, los artistas que no venden su arte ni al mercado ni al Estado, los presos y presas por protestar y las minorías sexuales.

CARTAS A EL LIBERTARIO

DESDE UNA CARCEL EN PUERTO ORDAZ

Primeramente darle gracias a Dios y a ustedes porque siempre han estado pendiente de mi caso, de la injusticia en el cual he sido objeto, donde se han confabulado tantos sectores para criminalizar los justos reclamos que estan haciendo los trabajadores de Ferrominera y que hoy día a día siguen vigentes porque tanto la convención colectiva como la relación obrero patronal esta en un franco deterioro gracias por ser una voz más que se une a esta lucha, en por darle a conocer al país entero la crítica situación que atraviesa Ferrominera Orinoco conjuntamente con todas las empresas del holding CVG mibam .

Saludos, atentamente.
Rubén González .
Secretario general de Sintrafmo,
Reclusión en Patrulleros del Caroni

DESDE UNA CARCEL AL SUR DEL CONTINENTE

¡Hola queridos compañera/os!
Bueno les contesto su carta y les cuento que me alegra mucho habería recibido y saber que tengo compañeros que siguen mi situación desde Caracas, Venezuela.
Por acá Argentina no hay mucha diferencia en el sistema penitenciario aunque las necesidades vascas las tenemos pero hay muchas otras, aparte de lo físico, psicológico y verbal que nos someten todos los días, pero bueno acá uno mas o menos, imagínate a lo que estamos expuestos acá, la peor manera de lucha contra el sistema es de este lado, ellos solo esperan una reacción de nuestra parte para golpearnos y castigarnos en las celdas de castigo donde te tienen desnudo sin agua, te tiran agua cada 4 horas durante 15 o 20 días y así festejan y se divierten, por eso es que evitamos que nos lleven a los "buzones" como denominamos a esas celdas.
Les cuento que aquí hay muchos problemas con las situaciones procesales, hay personas que pasan 4 o 5 años sin condenas y en muchos casos se van absueltos de culpa y cargo, pero bueno acá si hay algo que falta,

es el compañerismo entre algunos que prefieren trabe policía por un poco de com cuando hay algunos que me armar algo contra el Estade desarmándonos y terminar comento que la semana pas reunidos para iniciar una be hambre para que cambiase que nos beneficiaron pero enteraron por los mismos p separaron a todos. Hoy me una cárcel a más de 1300 lejos de todo contacto con n compas, pero bueno comen Acá les dejo la nueva direc sigan escribiendo: Las Hero Regional del Norte. Unidad Código Postal 3500. Resiste del Chaco) Pabellón 4. Arge Me despido y espero que e sus manos, si quieren envio no hay problema. Les envío abrazo y hasta la próxima.

Leandro Morel
Preso Anarquista de Argent...

15 años de El Libertario

La crisis económica nos impidió realizar una edición especial para celebrar, con esta edición, 60 números y 15 años de publicación de El Libertario, ser una voz para las luchas populares autónomas y beligerantes de Venezuela y América Latina. Vaya nuestro cariñoso saludo a todos nuestros lectores, lectoras y amigos. Ya tendremos ocasión de celebrar.

www.nodo50.org/ellibertario

LA FOTO | LILIAN SANGUINO EN HUELGA D...

Desde el 10 de agosto Lilian Sanguino inició una huelga de hambre para solicitar la libertad de su hermano William, acusado de un crimen que según ella no cometió. Su determinación se contagia cuando relata todos los vicios e irregularidades presentes tanto en la detención como en el proceso de investigación y juicio, los cuales han incluido torturas por parte de los funcionarios policiales. La huelga fue realizada en la sede administrativa de la Asamblea Nacional, esquina de Pajaritos, en Caracas.

DOBLEPENSAR | CHAVEZ: «EN VENEZUELA NO HAY SINDICALISTAS ASE...

En su columna impresa semanal "Las líneas de Chávez", correspondiente al pasado domingo 1 de agosto de 2010, el primer mandatario nacional escribió: "Debe entender el pueblo colombiano, que en la Venezuela bolivariana no tenemos ni sindicalistas asesinados, ni desplazados, ni fuerzas insurgentes a lo largo y ancho del país (...). El presidente "olvidó" que desde el año 2002 hasta julio del 2010 se han registrado por lo menos 130 sindicalistas asesinados en el país, la mayoría de los casos relacionados con el sicariato por

la obtención de puestos el sector construcció Asimismo, la "amnesia" recuerda los casos d Marcano Hurtado y Suárez Barcelona, as funcionarios policiales Barcelona, durante la r trabajadores de la M nombres de Richard G Hernández y Carlos Rec le dirán nada. asesinad el 28.11.08 en el estad defender los derechos la

iscreto encanto de la Boliburguesía

...o «Comandante ...ente» ha dicho que o es malo...

Por ello nosotros estamos probando, cada día, nuestra vocación y temple revolucionaria...

A regañadientes nos damos la vida y los placeres que distinguen a oligarcas e imperialistas...

Y cuando cae la noche preguntamos al espejo cuál es el mejor sistema de gobierno: el capitalismo o el socialismo bolivariano

¡Somos simples co de indias para der que la bondad bol es indestructible!

UN DISPOSITIVO PORTÁTIL DE MEMORIA

Hace varios años atrás, en una feria de **fanzines** en Lima —*cuyo sugerente nombre era Léeme*— conseguí copias de un fanzine fotocopiado realizado por madres de víctimas del conflicto armado en el Perú.

Un apretado resumen para que todos estemos en la misma página. Entre 1980 y el año 2000, el Estado peruano se enfrentó a las organizaciones armadas *Sendero Luminoso* (SL) y el *Movimiento Revolucionario Túpac Amaru* (MRTA), dejando un saldo trágico de decenas de miles de muertos y desaparecidos, así como un profundo impacto en la sociedad peruana. Aunque los métodos de control territorial de los guerrilleros —*especialmente de SL*— eran brutales y sangrientos contra la población civil, el gobierno peruano respondió a esa violencia con métodos de terrorismo de Estado, en los cuales criminalizaba, detenía y desaparecía a supuestos simpatizantes de los guerrilleros, a quienes calificaba como "*terrucos*". Como documentaron las organizaciones peruanas de derechos humanos, y defensores como Pancho Soberón, esta política de intimidación masiva llevó a muchos inocentes a la cárcel. O a la muerte. Literalmente, el pueblo peruano, en zonas como Ayacucho, se encontraba entre dos fuegos.

En América Latina, una persona que es víctima de violación del derecho a la vida por funcionarios estatales usualmente es asesinada dos veces. La primera, cuando pierde la vida bajo las balas de los militares o policías. Luego, es vuelta a asesinar cuando la versión oficial la somete al escarnio público. En el caso peruano era el señalamiento de "*terruco*", que tiene como objetivo aislar a la víctima y a sus familiares de sus redes naturales de apoyo: la familia, los vecinos, los amigos. Quien conozca madres de este tipo de víctimas sabe que el segundo asesinato duele tanto como el primero. Allí comienza un largo peregrinar no sólo para obtener justicia, sino, sobre todo, para *"limpiar el nombre"* del ser querido.

El 90 % del activismo por presos políticos, o por las llamadas ejecuciones extrajudiciales, es realizado por mujeres: sus madres, hermanas, hijas, sobrinas... En mi experiencia como defensor de derechos humanos, lo primero que buscan es que alguien les crea. Y, sobre todo, que lo haga sin juzgar, desde la empatía. Que su versión tenga el mismo nivel de enunciación que la versión oficial del Estado.

Aquel **fanzine** peruano, entonces, contaba la historia de varios adolescentes asesinados, presentados ante la opinión pública como terrucos. Pero aquel relato era realizado desde el afecto: quiénes eran, qué música o deportes les gustaban, cuáles eran sus platos de comida favoritos. Era un ejercicio de ponerle un rostro a lo que representaba una fría estadística, un número. Seguramente muchos medios de comunicación sólo amplificaban las notas de prensa provenientes de los organismos policiales o militares. Y, frente a esa situación, las madres habían construido, en ese **fanzine**, su propio lugar de enunciación.

Puedo imaginar perfectamente el proceso que lo hizo posible. Aquellas mujeres, unidas por el dolor común, se reunían para recordar a sus muchachos, a mostrarse fotos, a compartir anécdotas. Alguien les sugirió convertir todo eso en una publicación, pero, ante la limitación de recursos, el soporte más accesible era el **fanzine**. Así que recibieron un taller —*hay muchos tutoriales en internet de cómo hacer un zine*— y un día se sentaron alrededor de una fotocopiadora de una ONG. Aquel producto editorial artesanal era tanto un producto, un objeto tangible, como un proceso.

Esta historia resume cómo puede funcionar un **fanzin**e como registro y memoria en contextos de violaciones de derechos humanos. Sin embargo, el papel ofrece virtudes frente al resto de dispositivos posibles de evocación.

La conservación de lo digital es más frágil de lo que parece. Intente usted reconstruir algún hecho reciente que haya pasado, digamos, hace cinco años. Por ejemplo, las intensas protestas que ocurrieron en Venezuela en el año 2017. Aunque en ese momento las convocatorias, las imágenes y los relatos circularon generosamente por redes sociales, hoy es una tarea casi imposible recuperar la mayoría de esos archivos, perdidos en la jungla de datos digitales, o víctimas del blanqueamiento digital. Muchas empresas ofrecen el servicio de limpiar reputaciones en internet, un trabajo con mucha demanda entre funcionarios corruptos o abusivos, y especialmente en gobiernos autoritarios. En este caso, el venezolano, diferentes periódicos con archivos online cambiaron de servidor o rediseñaron sus portales web. La consecuencia es que mucha de la información de aquellos días ya no se encuentra en línea.

Si insistimos en esa dirección, pensaremos que lo más democrático y accesible sería tener archivos online que puedan ser consultados por cualquiera. Sí, pero eso necesita un respaldo analógico, que resista al paso del tiempo y a las contingencias posibles en el mundo digital. Un repositorio digital no sólo necesita quien lo mantenga y actualice, sino también un hospedaje y un dominio. Muchos, como yo, recordamos el alojamiento gratuito de archivos que ofrecía *Megaupload*, una web que existió entre los años 2005 y 2012. De manera gratuita, podías subir archivos a la nube y compartirlos con cualquiera, que podía descargarlos a través de un enlace. Muchos pensamos que era una solución a la necesidad de tener respaldos digitales de archivos pesados, como videos o audios, hasta que en el año 2012 fue clausurado por alegaciones de violaciones al derecho de autor. Aquel movimiento del FBI hizo que se perdieran millones de archivos alojados por *Megaupload*, recordando lo frágil que puede ser el archivo de documentos exclusivamente basados en internet.

No sólo es un soporte para la memoria, que puede resistir el paso del tiempo. También es portátil. Y esto lo escribo pensando en la situación real de los países de América Latina, donde las desigualdades también se expresan en la cobertura y calidad de los servicios básicos, como la electricidad y el acceso a internet. Un **fanzine** puede ser leído 24 horas y en cualquier circunstancia, lo que no podemos decir de un sitio web con animaciones o de un archivo de audio o video demasiado pesado, para ser descargado por quienes sólo pueden permitirse un smartphone de vieja generación o un plan de datos básico. Debido a los recurrentes cortes de luz eléctrica, quien facilite un curso de nuevos saberes en alguna comunidad sabe que, además de láminas en PowerPoint, debe estar preparado —*frente a una posible contingencia*— para usar los recursos pedagógicos de toda la vida: una pizarra, tizas, marcadores y hojas de papel. El **fanzine** puedes llevarlo a cualquier lado, y tener la certeza de que lo único que se necesita para leerlo sean las ganas, en cualquier circunstancia y en cualquier lugar.

CARLOS BECERRA I SENTIMIENTO MUERTO
LEONARDO GONZALEZ I CARDIEL

HUMANO DERECHO

[Fanzine / **Nº 1** / Caracas 2016]

Portada Fanzine Humano Derecho, número 01. Caracas, 2016

AUGE Y DECLIVE DEL PERIODISMO "ALTERNATIVO"

Cayayo Troconis

Wincho Sch

Pinguino Echezuría

Pablo Dagnino

...nis Tatú
(1992-1998)

La Calle
(1993-199...

Los Pixel
(2000 -)

LOS PIXEL

Atkinson
(2008 -)

ATKINSON · L

PAN
(1999)

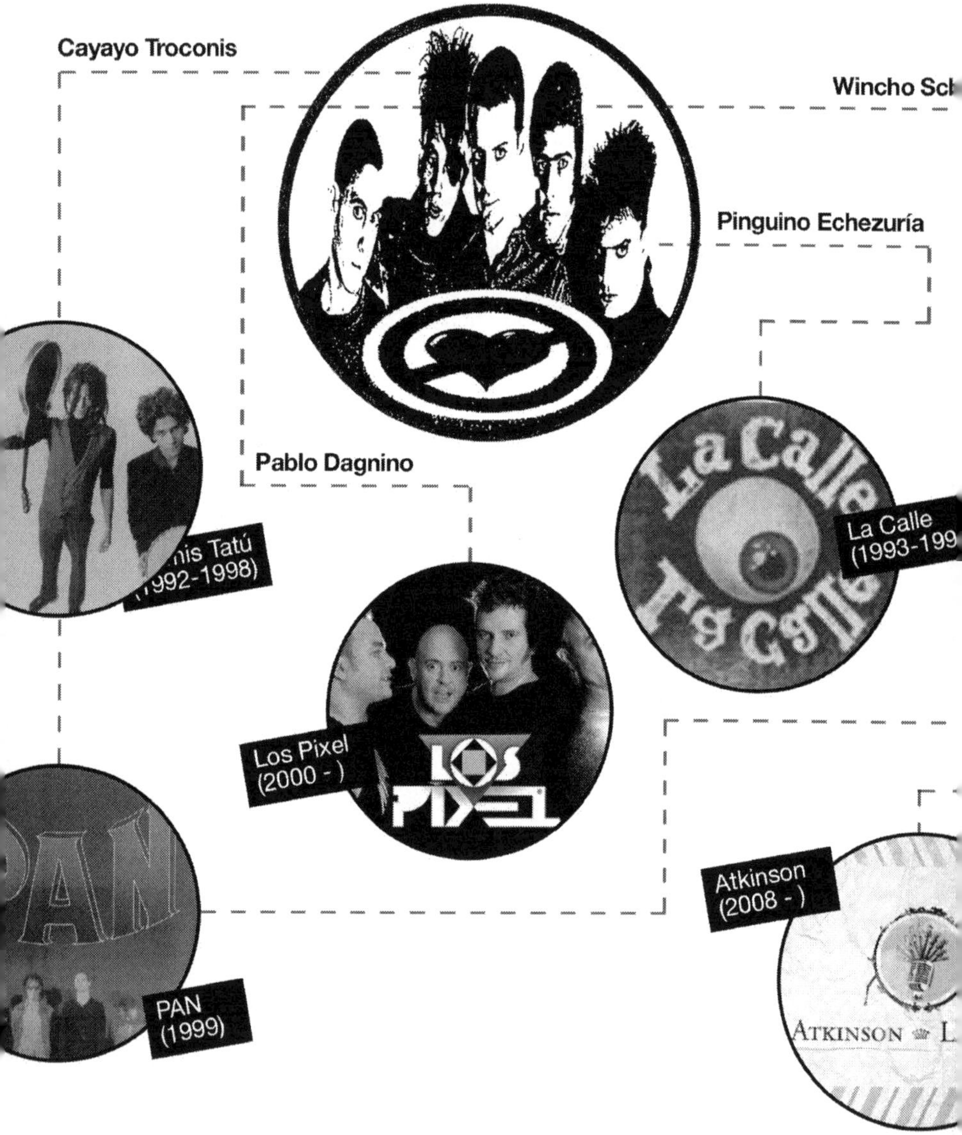

El amor ya no existe... (literalmente)

El primer disco de Sentimiento Muerto, con 28.000 mil copias distribuidas, se convirtió en uno de los más vendidos de rock nacional en toda la historia. 8 canciones que han resistido el paso de los años, grabadar en el mejor momento de la banda. En el 2017 se celebrarán los 30 años de la aparición de este clásico post-punk venezolano, sin ninguna re-edición disponible con la remasterización digital que merece.

AUGE Y DECLIVE DEL PERIODISMO "ALTERNATIVO"

Durante décadas, el concepto de *"comunicación alternativa"* tuvo una fuerza poderosa en América Latina. Surgió como respuesta al monopolio informativo de los grandes medios, a su servidumbre ante los intereses económicos, su falta de representación de los sectores populares y su desprecio por las formas culturales no hegemónicas. Radios comunitarias, periódicos de barrio, televisoras locales y medios impresos independientes fueron los canales por donde muchas comunidades comenzaron a construir sus propias narrativas.

Sin embargo, esa promesa emancipadora fue, en muchos casos, capturada. Regímenes autoritarios de izquierda —*como el venezolano, pero también en Nicaragua o Ecuador durante ciertas etapas*— comprendieron rápidamente el valor estratégico de lo "alternativo". Apropiaron su lenguaje, sus símbolos y hasta sus formatos. Bajo la bandera de la *"comunicación popular"* instalaron aparatos mediáticos paraestatales cuya función no fue dar voz a los sin voz, sino construir una nueva hegemonía y disciplinar el discurso público. El periodismo alternativo se convirtió, en muchos casos, en un instrumento de poder, no de participación. La crítica al discurso dominante fue reemplazada por la repetición de una línea oficial, y la horizontalidad prometida devino en verticalismo con estética militante.

El caso venezolano, que conozco bien, es un claro ejemplo de la elipsis de alternativos a paraestatales que experimentó el movimiento de medios comunitarios y alternativos. El golpista de 1992 –*Hugo Chávez*- fue a su vez víctima de un golpe de Estado en abril de 2002, lo que le permitió radicalizar su propuesta de gobierno y apretar el acelerador de lo que su ministro de comunicación, Andrés Izarra, definió como *"hegemonía comunicacional"*, evidente a partir del año 2009, en donde los llamados *"medios comunitarios y alternativos"* desempeñaban un importante rol. Dos grandes consorcios se peleaban los subsidios estatales: La *Red Venezolana de Medios Comunitarios* (RVMC), creada en 1999, y la *Asociación Nacional de Medios Comunitarios, Libres y Alternativos* (ANMCLA), fundada en 2002. Las autoridades, que disfrutaron entre los años 2004 a 2012 de un inusitado boom económico por el incremento de los precios de exportación de petróleo y gas a nivel internacional, financiaron la creación de muchos medios a los cuales les exigían fidelidad política en su línea editorial. Los subsidios destruyeron la potencia autogestionaria y autónoma que hacía posible muchos de estos proyectos. Por otro lado, muchos de los antiguos *"comunicadores populares"* entraron en la nómina del funcionariado. Hoy queda muy poco de aquella constelación de medios que aparecieron en la década de los 90 en Venezuela.

Con la pérdida de legitimidad y deriva autoritaria de varios de los gobiernos que protagonizaron *"el giro progresista de América Latina"*, en la década del 2000, las graves violaciones a derechos humanos, el cierre del espacio cívico y el aumento de la censura y la autocensura se evidenció el fracaso del modelo comunicacional basado en la hegemonía: no democratizó, sino que sustituyó una narrativa dominante por otra.

Este proceso, de vaciamiento desde adentro, ha dejado a muchos activistas, colectivos y comunidades sin un lugar donde enunciarse por fuera de la lógica binaria entre grandes medios corporativos y medios estatales con estética insurgente. En ese contexto, el fanzine emerge no como nostalgia, sino como una trinchera actual para la libertad de expresión. Su escala modesta, su circulación directa, su autonomía material lo alejan tanto del mercado como del aparato estatal. Hacer un fanzine hoy —*fuera del circuito publicitario, sin permisos ni patrocinios ni consignas oficiales*— es recuperar el sentido primero de la comunicación alternativa: que cualquiera, en cualquier lugar, pueda contar lo que vive, lo que sueña, lo que duele, lo que resiste.

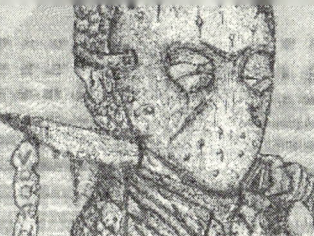

El llamado *"periodismo alternativo"* en América Latina tuvo momentos luminosos, pero también fue absorbido por el lenguaje del poder. La promesa de dar voz a los sin voz fue traicionada cuando los deseos se convirtieron en consigna de Estado. Frente a esto, prácticas como el fanzine retoman el camino originario: no se trata de conquistar la hegemonía, sino de crear espacios múltiples, pequeños, libres, donde la comunicación vuelva a ser encuentro, no imposición.

que ya todo se fue al carajo. Es una manera de estar enfadado con toda esta situacion, Es lo que podemos sentir cualquier joven al ver que no hay posibilidad, que muchos se van, que no me puedo dar el lujo de comprar lo que se me venga en gana en un supermercado o donde sea. Al ver que no puedo ahorrar porque ya eso aqui es dificil.

Aqui sólo a duras penas tenemos algo para comprar comida y tampoco se consigue. Entonces ¿De qué sirve seguir recibiendo de vuelto estos billetes de 2 bs f?".

rorikautho66
@outlook.com

HUMANO DERECHO

Fanzine | Nº 2 | Caracas 2017

ARCO MINERO I
LOS TAPES RECORDS I
NO SUENA MAS I
CTRL-X I
AVENGERS I

HUMANO DERECHO

Fa

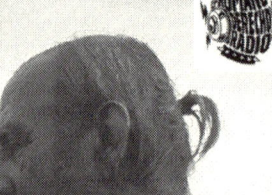

Portada Humano Derecho Fanzine. Caracas, 2017

SIN PRECIO NI PERMISO: EL FANZINE COMO ECONOMÍA DE LA LIBERTAD

VENGERS

¡ENFRENTANDO DESINFORMACIÓN COMUNICACIONAL DEL ESTADO!

THOR IRRUMPE EN LA SALA SITUACIONAL GUBERNAMENTAL DONDE PLANIFICAN UNA CAM DESINFORMACIÓN

DIGAMOS: CIUDADANOS TAMBIÉN VIOLAN DERECHOS HUMANOS

QUE PERSONAS SON IGUAL DE RESPONSABLES QUE FUNCIONARIOS DEL GOBIERNO

¡QUE EL ESTADO TAMBIÉN ES VÍCTIMA!

INTENTAN CONFUNDIR LOS DELITOS CON UNA VIOLACIÓN DE DERECHOS HUMANOS

¡CÁLLATE FASCISTA, IMPERIALISTA!

TERGIVERSANDO QUÉ APARECE EN MEDIOS, MANIPULAMOS LA OPINIÓN PÚBLICA

LA MENTIRA TI CORTAS ¡LA M SE SALDRÁ CON

DIFERENCIAS NTRE DELITOS CIONES DE S HUMANOS

LOS DELITOS SON DEFINIDOS POR EL ESTADO Y DESCRITOS EN SUS LEYES. LOS DDHH SON ATRIBUCIONES QUE NA- CEN CON LAS PERSONAS

LAS PERSONAS SON LAS QUE COMETEN DELITOS, POR EJEMPLO LOS HOMICIDIOS

MIENTRAS QUE L NARIOS DEL ESTAC QUE REALIZAN VULNERAN DDH UN VIOLA L

SIN PRECIO NI PERMISO: EL FANZINE COMO ECONOMÍA DE LA LIBERTAD

En un paisaje mediático gobernado por dos polos dominantes —*el de la rentabilidad comercial y el de la subvención estatal*—, el **fanzine** aparece como una línea de fuga. Su existencia no depende de grandes patrocinios ni de financiamiento público. Puede existir con diez copias hechas en una impresora doméstica o con cien ejemplares distribuidos en ferias y espacios comunitarios. Su valor no está en la escala, sino en el acto autónomo de publicar sin pedir permiso, sin rendir cuentas a ningún poder económico ni político.

Frente a los grandes sponsors, que imponen métricas de visibilidad, neutralidad de marca y lenguaje corporativo, el **fanzine** responde con precariedad orgullosa. No busca monetizar la atención ni ampliar audiencias por algoritmos. Su lógica no es la del clic, sino la del vínculo. Puede costar lo que cuesta una fotocopia o ser intercambiado por otro fanzine, una fruta, una conversación. El dinero no define su sentido.

Frente a los subsidios estatales, que en muchos contextos latinoamericanos —*especialmente bajo gobiernos de izquierda autoritaria*— han funcionado como mecanismos de disciplinamiento ideológico, el **fanzine** representa una resistencia silenciosa. Donde muchos medios populares terminaron atrapados en la lógica de la *"comunicación con línea"* del partido único, el fanzine mantiene su irreverencia: puede criticar, puede dudar, puede incluso contradecirse. No hay rendición de cuentas, no hay línea editorial oficial, no hay vigilancia desde un ministerio.

Este desapego económico no es ingenuidad ni romanticismo. Es una elección política. Elegir no depender de sponsors ni subsidios es elegir un modo de hacer comunicación que recupera la palabra como bien común, no como mercancía ni como instrumento. El **fanzine** permite decir lo que se necesita decir, no lo que conviene según el financiamiento disponible. En tiempos donde la sostenibilidad de un medio muchas veces implica negociar su autonomía, el **fanzine** propone otra sostenibilidad: la de los afectos, las redes solidarias, la economía del cuidado.

En última instancia, el **fanzine** no es pobre: es libre. Y en esa pobreza productiva, artesanal, mínima, reside una potencia radical. Publicar por deseo, por urgencia, por necesidad colectiva, sin obedecer al mercado ni al Estado, es volver a imaginar qué puede ser la comunicación cuando se piensa desde abajo, entre amigos, entre iguales, desde el margen y no desde el centro.

La independencia económica del hecho **fanzinero** es una consecuencia de la manera en que son pensados, publicaciones para sí mismos y, luego, para los otros. Usualmente, los medios de comunicación de masas, incluyendo los impresos, se producen luego de estudios de mercado que definen una audiencia, lo suficientemente grande para que la empresa sea rentable económicamente. Los contenidos son escritos pensando en la mayor cantidad posible de lectores. Estos indicadores atraen a las empresas que pagaran publicidad en el medio. Una variante es cuando la empresa considera que una publicación –*a veces imitando a los fanzines*- puede fortalecer "*la marca*" y crear alrededor de ella un estilo de vida, con eventos de lanzamiento, conciertos y merchandising vinculado. El otro modelo es el de los subsidios estatales. En ambos, la publicación y sus contenidos están pensados para otros.

El **fanzine** invierte esta lógica. Sus contenidos son decididos por los propios gustos de los autores y colaboradores, que materializan la publicación que ellos mismos hubieran querido encontrar en la librería y puestos de revistas, y que, por múltiples razones, no existía hasta ese momento. Es un movimiento individual y colectivo a la vez: Al crear la revista que me gusta a mí, espero que me ayude a conectar con personas con gustos y deseos similares.

Al hacer y duplicar un **fanzine** se espera que, en el mejor de los casos, la publicación sea autosustentable: Que la venta de sus ejemplares posibilite la reproducción y circulación del número siguiente. Es una lógica diferente a la del lucro. La mayoría de los fanzineros tienen ocupaciones y trabajos de los que viven —yo mismo como sociólogo para ONG de derechos humanos— y destinan parte de lo que ganan para mantener esa zona permanentemente autónoma regida por otras coordenadas, porque sencillamente lo necesitan para seguir viviendo. Muchas de las experiencias contraculturales de largo aliento que conozco permanecen bajo este esquema: Sus principales animadores reciben salarios de otras actividades y parte de ese dinero lo destinan para mantener un proyecto gestionado de forma cooperativa.

Una última cuestión sobre el dinero. Mi idea del **fanzine** es uno que tiene un precio accesible, al alcance de todos los bolsillos. Hay quienes lo utilizan como soporte para otras búsquedas y sensibilidades. Una de ellas es el llamado **"fanzine"** de artista, de pocas copias y cuya singularidad estética justificaría sus altos precios de venta. La falta de accesibilidad, en este tipo de experiencias, es por partida doble. No sólo por su costo al público, sino que reproduce la supuesta excepcionalidad del artista que aleja el fanzine de ser una experiencia que puede ser realizada, y disfrutada, por cualquiera.

CUARENTENA! fan zin

LIMPIACABEZALES | DELITO | FLAVIO PEDOTA | ELIAS YANEZ | DOCTOR NC

Especial Punk Latinoamericano

Revista colaborativa realizada en aislamiento sanitario por Covid-19 || Número único || Caracas junio 2020

CUARENTENA! fan zin

Portada fanzine ¡Cuarentena! Caracas, 2020

LIMPIACABEZALES | DELITO | FLAVIO PEDOTA | ELIAS YANEZ | DOCTOR NC

LA BELLEZA QUE NOS DEBEMOS

Editorial

¿UN FANZINE A LOS 47 AÑOS? LUEGO QUE
EL MUNDO SE DETUVIERA POR EL CORONAVIRUS
SE NOS OCURRIÓ APROVECHAR EL ENCIERRO
PARA ESTIMULAR PROCESOS COLABORATIVOS,
AUNQUE ESTUVIÉRAMOS EN CASA.

HACER UNA REVISTA DE AUTOEDICIÓN SIEMPR
HA SIDO UNA ACTIVIDAD SOLITARIA, A LO
SUMO CON UN PAR DE CÓMPLICES MÁS. REVIS
EL FORMATO 'FANZINE' ERA PERFECTO PARA
ESTOS DÍAS. EN PRINCIPIO, COMO ANTAÑO,
LO PENSAMOS PARA DUPLICAR EN PAPEL.
PERO EL ALARGAMIENTO DEL CONFINAMIENT
EN PARTE, NOS SUGIRIÓ QUE EL RESULTADO
DEBÍA COMPARTIRSE DIGITALMENTE Y LEERSE
EN UNA PANTALLA. ESPERAMOS HABER
ACERTADO EN ADAPTAR EL ESPÍRITU DE LAS
FOTOCOPIAS A LOS SMARTPHONES.

HICIMOS UNA CONVOCATORIA POR REDES
SOCIALES Y LA RESPUESTA FUE ENTUSIASTA.
NO SOLO RESPONDIERON ALGUNOS SOSPECHOSOS
HABITUALES, SINO QUE TAMBIÉN PUDIMOS
CONECTAR CON NUEVAS PERSONAS CON
GUSTOS AFINES, QUE AYER Y HOY SIGUE
SIENDO EL OBJETIVO DE UN FANZINE:
CONSTRUIR COMUNIDAD DE PLACERES
COMPARTIDOS, JUNTOS Y REVUELTOS A
MEDIDA. MÁS QUE UN SIMPLE REGISTRO
ALEATORIO DE FILIAS Y FOBIAS, UN FANZINE
ES UN MÉTODO. DE LIBERTAD CREATIVA.

LA BELLEZA QUE NOS DEBEMOS

Durante mucho tiempo nos hicieron creer que la belleza era propiedad privada o un bien exclusivo para clases privilegiadas. Que el diseño era cosa de expertos, que lo artístico era un lenguaje elevado reservado para galerías o marcas. Que lo lindo, lo armónico, lo cuidado, solo podía producirse con grandes recursos, con títulos, con permisos. Pero eso es mentira. La belleza también es nuestra.

Hoy existen herramientas —*digitales, gráficas, manuales, tecnológicas*— que permiten a cualquiera crear objetos visualmente potentes sin depender de grandes presupuestos. Un fanzine puede estar hecho con papel reciclado y sin embargo tener un diseño conmovedor, vibrante, íntimo. Puede ser fotocopiado y aún así brillar con una estética propia, nacida del deseo y la creatividad. Que provoca no sólo leerle y coleccionarlo como objeto, sino también contemplarlo.

La estética del fanzine no es, necesariamente, lo feo, ni lo *"mal hecho"*, aunque estas dos dimensiones pueden tener una justificación y un sentido. El **fanzine** tiene hoy la potencia de ser hecho con libertad, con recursos propios, con lo disponible, con inventiva. Es una estética de la autonomía, que mezcla tipografías sin pedir permiso, que usa collage porque no hay presupuesto para ilustraciones, o porque la mezcla misma es parte del mensaje. Es un arte de la precariedad orgullosa, no del déficit.

Incluso las nuevas tecnologías, como la inteligencia artificial, pueden ser herramientas útiles en esta democratización visual, si se usan con conciencia. Nos permiten jugar, imaginar, diseñar, experimentar sin pasar por filtros institucionales. Nos devuelven el derecho a hacer cosas bellas sin tener que comprarlas a precios escandalosos.

Quisiera agregar algo sobre la Inteligencia Artificial: Todos los descubrimientos tecnológicos a lo largo de la historia han generado reacciones de todo tipo. Sería contradictorio con todo el proceso que estamos hablando generar exclusivamente los textos y los fanzines con la ayuda de programas como *ChatGTP*. Como me recuerda un amigo la inteligencia artificial puede ser parte del proceso, como por ejemplo manipular imágenes usando *Photoshop*, pero no sustituir todo el camino creativo y relacional de hacer un **fanzine** como tal. Estas herramientas comparan, resumen y reproducen lo que ya existe en la net, pero sólo la mente humana tiene la posibilidad de imaginar y crear algo nuevo, que no existe todavía.

Hacer objetos hermosos, aunque nadie los compre. Aunque no tengan marco. Aunque estén hechas en la mesa de la cocina. Porque también tenemos derecho al gozo estético, a la armonía visual, al cuidado gráfico. Porque también somos cuerpo, mirada, deseo.

Sobre la *"belleza"* Jacques Rancière tiene ideas sugerentes. Es un filósofo, profesor de política y de estética de origen francés. Sostiene que toda política es una disputa sobre lo visible, lo decible y lo pensable: es decir, sobre quién tiene derecho a aparecer en el espacio público, quién puede hablar, qué cuerpos importan, qué experiencias cuentan. A eso lo llama la *"distribución de lo sensible"* (*la partage du sensible*), que designa el orden implícito que organiza qué se ve, qué se escucha y qué se valora en una sociedad.

La estética no es simplemente *"el arte"* o *"la belleza"*, sino el régimen que define qué se reconoce como arte, qué se considera bello y qué se deja fuera del campo de lo valioso. Rancière considera que el disenso, el desacuerdo sobre cómo se distribuye lo sensible, es el motor de la política. Es a través del desacuerdo y la disputa que se cuestiona el orden establecido y se abre la posibilidad de nuevas configuraciones de lo sensible. Por tanto, vincula la emancipación con la experiencia sensible, con la capacidad de los individuos de percibir y experimentar el mundo de manera diferente, de cuestionar las jerarquías y las distribuciones previamente existentes.

Siguiendo a Rancière, podríamos decir que hacer un fanzine hermoso (aunque sea precario) es un acto político porque:

- Redistribuye lo sensible: muestra que otras voces, colores, trazos y sensibilidades pueden habitar lo visible.

- Desorganiza la jerarquía del gusto: impugna la idea de que solo lo aprobado por expertos es valioso.

- Rompe la separación entre arte y vida: porque la belleza está también en lo cotidiano, lo íntimo, lo imperfecto.

Cuando decimos que la belleza es un derecho, no estamos haciendo una metáfora. Estamos afirmando que todas las personas tienen derecho a experimentar, crear y compartir formas sensibles del mundo, sin pedir permiso ni esperar validación. El fanzine, entonces, no es solo un medio de expresión: es una estética sediciosa, un manifiesto encuadernado que afirma: *"Yo también tengo algo que decir, algo que mostrar, algo bello que aportar, aunque no venga del museo, de la editorial ni del ministerio de cultura".*

EXiLiO interior

Nº 5 //Hardcore (post) Punk zine

DoñaMaldad

INGOBERNABLES

ETERNA INOCENCIA

BASKA

MaritzaEsparragoza

Entrevista con Cupille

x

Febrero 2011 // Caracas - Venezuela // exiliointeriorfanzine@gmail.com

Portada fanzine Exilio Interior. Caracas, 2011

EL "EXITO" DENTRO DE LOS MOVIMIENTOS SOCIALES

firme

14

FUE ENTONCES CUANDO ME PUSE FIRME, Y LE **EXIGÍ** A MI MUJER QUE ME DIERA PERMISO PARA SALIR

¡ASÍ SE HABLA!

Adopta un perrx
sin hogar
y gana unx
amigX para
toda la vida

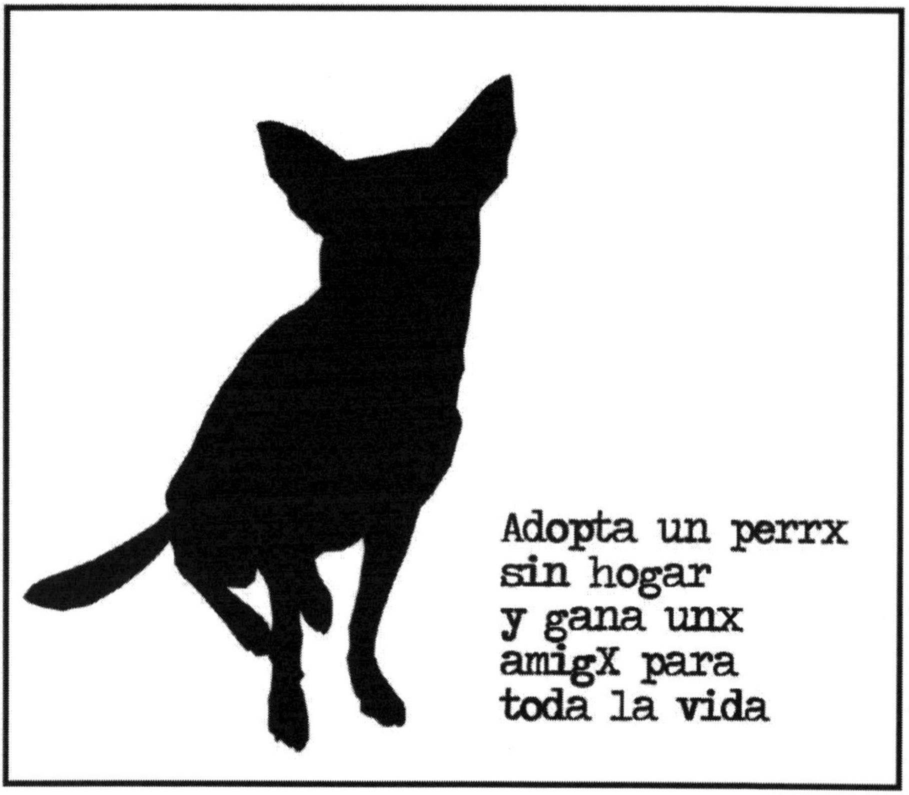

EL "ÉXITO" DENTRO DE LOS MOVIMIENTOS SOCIALES

Quienes participamos en movimientos sociales o proyectos autogestionados —*como hacer un* **fanzine**— solemos estar animados por grandes sueños: cambiar el mundo, transformar la sociedad, derrocar poderes injustos. Sin embargo, la realidad suele ser más dura. No solo porque esos cambios estructurales son complejos y escurridizos, sino porque muchas veces nuestras energías han sido cooptadas por aparatos autoritarios que tomaron nuestro lenguaje, nuestras consignas, nuestras estéticas, para construir nuevas formas de control. En ese contexto, necesitamos repensar qué significa *"tener éxito"* cuando participamos en una iniciativa activista.

Cuando esperamos que nuestro movimiento, nuestro grupo, nuestra banda de rock o nuestro **fanzine** pueda ser la chispa que cambie el orden establecido, en muchas ocasiones terminamos agotados, decepcionados o quemados por un esfuerzo que parecería se acercó poco, o nada, a su objetivo último. Quizás allí ha radicado parte del problema, el haberlo planteado todo en términos maximalistas, de todo o no nada, que nos han impedido entender placeres colaterales que han sido parte de nuestra vida activista. Quizás no logramos cambiar al mundo. Pero nos hemos cambiado a nosotros mismos. Y eso importa, y mucho.

Hacer un **fanzine** —*o participar en un grupo o campaña*— es entrar en situaciones que no ocurren en la vida cotidiana estándar: aprender a imprimir, a escribir en comunidad, a hablar en público, a discutir sin jefes, a tomar decisiones horizontales. Es habitar espacios de autogestión, de creación, de riesgo. Son momentos que, aunque breves, quedan como experiencia vital transformadora.

Yo mismo recuerdo una de mis primeras experiencias activistas. Era el año 1991 cuando en Venezuela hacía vida un potente y organizado movimiento ecologista, con expresiones en todo el país. En ese momento una de las demandas era que existiera una ley que tipificara como tales los delitos contra la naturaleza, y que hubiera la posibilidad que sus responsables respondieran por ellos. Se generó la suficiente masa crítica para impulsar una *"Ley Penal del Ambiente"* que convocó una concentración nacional en Caracas. Por esos días era parte de un grupo en la ciudad de Barquisimeto, llamado *"Frente Ecológico de Liberación Animal"* (FELA), que hacíamos mucho ruido en la ciudad contra las corridas de toros. En un autobús prestado por la Federación de Centros Universitarios una cincuentena de adolescentes hicimos las 5 horas de carretera entre Barquisimeto y Caracas cantando temas de *La Polla Records*. Al llegar a la capital y desembarcar en Plaza Caracas, sitio de la reunión, había una variopinta concentración de activistas haciendo gala de elementos de creatividad: Vestidos de animales, en zancos, haciendo teatro callejero. Aquel ambiente, festivo y de camaradería, sólo duró tres o cuatro horas, el tiempo del evento, pero en lo personal me marcó de por vida. Si no hubiera estado allí aquel día, quizás hoy estaría en otra parte. Y este texto no hubiera sido escrito.

Esta transformación subjetiva es también profundamente política. Como afirma Bell Hooks, una escritora y activista estadounidense, la militancia y la creación no son solo tareas hacia fuera, sino también prácticas de liberación interior, de crecimiento personal y emocional. Publicar un **fanzine**, aunque lo lean veinte personas, puede ser un acto de sanación, de afirmación, de sentido. Una victoria pequeña pero real, tangible.

En su libro *"Teaching to Transgress"* Hooks, influenciada por Paulo Freire, propone una pedagogía que se basa en el deseo y la experiencia, no en el control. La educación debe ser un espacio de liberación interior donde las emociones -como el éxtasis, la rabia o el duelo- son parte de la enseñanza y el aprendizaje. Donde, además, el deseo crítico permite comenzar de nuevo, romper con estructuras que oprimen el cuerpo y la mente. Por tanto esta pedagogía entiende la creación colectiva —*como hacer un* **fanzine**— no solo como activismo político, sino como recuperación personal y emocional creativa.

Entonces, participar en una iniciativa activista, o hacer un **fanzine**, nos transforma especialmente a nosotros, por el cúmulo de experiencias que vivimos en el proceso, momentos que no hubieran ocurrido si no hubiéramos asumido el riesgo. Es una fuente de crecimiento y autoconocimiento personal.

Un segundo indicador, del que casi nunca hablamos cuando hacemos los balances de movimientos sociales es el de los lazos afectivos que se construyen en estos procesos. Hacer un **fanzine** implica reunirse, discutir, compartir, pelear, entusiasmarse, conocer gente nueva cuando lo estás promocionando y distribuyendo. Algo similar ocurre en las organizaciones estudiantiles, en las asambleas, en los talleres comunitarios. Allí conocemos personas con las que nunca hubiéramos cruzado palabra en otro espacio. Y muchas de esas personas, como consecuencia de esos momentos, valores y búsquedas compartidas, se convierten en amistades de por vida.

Judith Butler, filósofa y feminista norteamericana, explica en su libro *"Undoing Gender"* sobre cómo ciertas prácticas sociales no solo organizan las condiciones materiales, sino también *"producen vínculos que sostienen la comunidad, donde el reconocimiento se vuelve posible..."* y sirven para proteger contra las violencias, el racismo, la homofobia y la transfobia

En tiempos de fragmentación, aislamiento y vínculos virtuales precarios, estos encuentros reales, duraderos, comprometidos son una forma de éxito profundo. Nadie los mide, ningún fondo los financia, pero son la base de cualquier comunidad posible. Y en ese sentido, un **fanzine** también puede ser un generador de amistad, de reconocimiento y afecto político, de comunidad tangible.

Algunas de las amistades más longevas que he conservado han sido con personas que, en otro lado del mundo, hacían sus propios **fanzines**. Y por alguna bonita casualidad, un día lo compartieron conmigo. Eran los días del correo postal, donde todo era mucho más lento, Pero junto a esas fotocopias engrapadas y dobladas, venían cartas larguísimas escritas a mano, que iniciaron un intercambio epistolar que generaron vínculos fuertes y profundos. Con varios he tenido la suerte de conocerlos en persona, reiterando esa tibia sensación que éramos almas separadas, y extraviadas, al nacer. Uno de ellos fue Gerardo Barboza, o Gerardo *"Dekadencia"* ––por su **fanzine** Dekadencia Humana––, a quien está dedicado este texto.

¿Y si el éxito fuera esto? Tal vez no hemos destruido el capitalismo ni hemos hecho desaparecer el militarismo, el racismo, la transfobia… Pero hemos aprendido a pensar por fuera, a hacer cosas con nuestras manos, a decir lo que no se decía, a escuchar lo que no se escuchaba, y a compartir todo eso con otros. Tal vez esos sean los éxitos que no aparecen en las estadísticas ni en los libros de historia, pero que sostienen nuestra vida. Seguramente no logramos cambiar el mundo, pero cambiamos el sentido de estar en él.

Este reconocimiento no quiere sustituir los grandes y nobles objetivos que se imponen los movimientos sociales. Pero si entendemos el activismo como un punto de partida —*la creación del movimiento*— y un único punto de llegada —*el cambio social, la revolución*—, seguramente nos expondremos al sentimiento de agotamiento, *"quemado" –burning out-* y desencanto que experimentan muchos *"militantes"* en algún momento de su vida. Para no hablar de quienes vieron que sus esfuerzos de tantos años, la política de izquierdas, crearon monstruos peores de los que decían enfrentar. ¿Saben que es penoso? Volver la vista atrás y arrepentirse de haber gastado tanto esfuerzo y tiempo —*en desmedro de otras experiencias vitales*— dedicado al activismo. En mi caso, cuando volteó a ver los años transcurridos veo un montón de gente fantástica que tuve la dicha de conocer y experiencias maravillosas que no cambiaría por nada. Y que son, afortunadamente, parte de mi vida.

PROHIBIDO TOCAR

32

Si no tocas para el gobierno o las empresas no tocas

EL ARTE CONTROLADO ES ARTE MUERTO
EL ARTE CONTROLADO ES ARTE MUERTO
EL ARTE CONTROLADO ES ARTE MUERTO

EXiLiO interior

N° 7 //Hardcore (post) Punk zine

Blondie (USA)

Martín (USA)

Kaoz (Perú)

Fracaso (Vzla)

Ausencia de Orden (Ecu)

Argentina

MANTENTE LIBRE Y CONCIENTE

Portada fanzine Exilio Interior. Caracas, abril 2012

abril 2012 // Caracas - venezuela // exilioInteriorrianzine@gmail.com

HACER QUE SUCEDA: EL DESEO COMO MOTOR EDITORIAL –Y DE VIDA-

FRACASO

... y sus ordenes
asquerosos politicos no cuenten con m

CIUDAD
un lugar asi deprime a cualquiera
na ciudad llena de miseria
: que asco de lugar

CIRCULOS
pasan los dias son siempre lo mismo
repeticion de lo poco que vivo
C. circulos

PARANOIA
estado de salud
iries caoticos
fuerzas incontro
dominan la poli
para

IR
al
cs
s.

HACER QUE SUCEDA: EL DESEO COMO MOTOR EDITORIAL –Y DE VIDA–

Vivimos en una cultura obsesionada con los números. Seguidores, visualizaciones, clics, retuits, *"engagement"*. Todo contenido es medido, calibrado, evaluado por su capacidad de circular, de capturar atención, de ajustarse a lo que el algoritmo premia. A lo *"popular"* que las personas son. Esta lógica nos impone una forma de pensar y de crear que no está guiada por el deseo, sino por la demanda. Publicamos lo que creemos que funcionará, lo que gustará, lo que encajará. Todo lo que no promete rendimiento es descartado antes de nacer.

En ese panorama, hacer un **fanzine** —*o cualquier acto similar de creación independiente*— es una forma de resistencia sensible. No se trata de complacer a un público imaginario ni de aspirar a las grandes cifras. El **fanzine** no se pregunta *"¿quién va a consumir esto?"*, sino *"¿qué necesito decir?"*, *"¿qué quiero leer y no encuentro?"*, *"¿qué deseo no está siendo atendido?"*. Es un razonamiento inverso al de la industria editorial o las redes sociales: no se adapta al público, sino que convoca a un público posible a partir del deseo propio.

En una época donde los algoritmos organizan el acceso a la visibilidad y disciplinan incluso nuestras formas de enunciar, el deseo se convierte en una fuerza subversiva. Lo que mueve al **fanzine** no es la promesa de éxito, sino la urgencia de existir. No busca viralizarse, sino conectar. No espera el permiso de lo posible, sino que lo crea.

Hacer un **fanzine** es hacer que algo, que no existía, suceda. Convertir una ausencia en una presencia. Una necesidad difusa en un objeto concreto. Una conversación que no existía en un papel doblado que puede pasar de mano en mano. En un mundo saturado de contenidos digitales clonados que se olvidan en segundos, esa capacidad de materializar lo que antes no existía es un acto poderoso.

Hay algo profundamente punk en ese gesto. No solo en la estética o en el desprecio por la perfección, sino en la ética del Hazlo tú mismo (DIY). No esperar a tener dinero, permisos, likes ni respaldo institucional. Simplemente hacerlo. Con lo que se tiene. Con lo que se sabe. Con amigos. Con tijeras y pegamento. Con rabia, con deseo, con urgencia.

Porque en el fondo, crear un **fanzine** es también una forma de cuidado. Una forma de sostener lo que sentimos, de dar refugio a lo que no tiene cabida en los medios hegemónicos, de armar un pequeño mundo con otras sensibilidades. Como diría Bell Hooks, el amor y la creación no son cosas aparte de la lucha, sino sus formas más profundas.

Cada **fanzine** que aparece es una victoria contra la pasividad cultural. Contra la espera. Contra la lógica de *"si nadie lo ha hecho, será por algo"*. Al contrario: si nadie lo ha hecho, haz que suceda. Porque hacerlo, incluso en la más modesta de sus formas, es ya crear un mundo diferente y posible.

Y en un contexto donde todo parece transitorio, fragmentado, evanescente, donde incluso nuestros vínculos están mediados por pantallas y métricas, tener en las manos un objeto hecho desde el deseo —*que se puede tocar, guardar, regalar o rayar*— es un acto de resistencia encarnada. Una forma de recordarnos que no todo está perdido, que aún podemos crear sentido desde abajo, desde el margen, desde el deseo.

RESEÑAS

> Bajo cosas de la internet, pero sólo se reseñaran cosas que se hayan palpado y olido.

BS AS DESORDEN 22 / EN LA CANCHA SE VEN LOS PINGOS (Argentina) Un fanzine split con dos veteranas : Bs As Desorden con dibujos de Maxi ilustrando temas de canciones, y En La Cancha con notas skin e historia de 1 sello «No future». dismadre@gmail.com

LA CIUDAD MAS FEA DEL MUNDO, 01 (Venezuela). Un zine con mucho toque personal, lo cual lo hace muy auténtico y apetecible. QEPD el punk en Caracas, cómo hacer una banda, «me pregunto yo» (muy bueno) y discos. cabezadevacarecs@gmail.com

ALTO Y KLARO 10 (Argentina): ¿Porqué se asume lo punk como algo pasajero? Estas y otras columnas reflexivas trae la nueva edición de este veterano zine. Recomendaciones de blogs y frase de Emma Goldman. Nada de música ¡Menos rock, más ideas! altoyklarozine@gmail.com

AGUJERO INTERIOR. Cuando la band

V I R U S

dijo NO a la dicta

Portada fanzine "Agujero interior. Cuando la banda Virus dijo no a la dictadura". Ciudad de México, 2024

Bajo el nombre Náufrago de Ítaca, en otros tiempos, inventamos y distribuimos publicaciones por el placer de crear artefactos editoriales y participar en una comunidad que compartiera y hablara de las cosas que nos gustaban: La literatura, el cine, la música, la contracultura y la libertad.

En la Venezuela del 2025 esta necesidad nos parece mucho más urgente y necesaria. Y cómo estamos convencidos que debemos crearnos la vida que el autoritarismo nos niega, de nuevo retomamos la ilusión de conectar islas lanzando mensajes embotellados al mar, volviendo a sentir todas las emociones vinculadas en el esfuerzo.

A nuestro ritmo y de acuerdo a las posibilidades, editaremos y circularemos nuestros libros, fanzines, comics y música, y distribuiremos los de otros. Géneros variados, pero pertinentes para una Venezuela que necesita tener un sentido de su esfuerzo desesperado por sobrevivir y la lucha ciega por su futuro.

Convencidos del acceso libre a la cultura, promoveremos un modelo que recuerde la solidaridad que alguna vez caracterizó a los venezolanos. Y que permita que quienes sí pueden contribuir a la sustentabilidad del emprendimiento apoyen a quienes, en este momento de crisis, no pueden hacerlo.

Resistir y existir, por ahora, haciendo y compartiendo cultura.
naufragodeitaca.wordpress.com/

EPÍLOGO

SEGUIR HACIÉNDOLO. AUNQUE NADIE TE LO PIDA.

Hacer un **fanzine** no cambiará el mundo. Pero puede cambiar tu manera de estar en él. Puede hacerte sentir parte de algo. Puede abrir un canal entre lo que sientes y lo que haces. Puede conectar tu rabia con tu ternura, tu memoria con tu presente, tu historia con la de otros.

Tal vez nadie te lo pida. Tal vez nadie te lo pague. Tal vez ni siquiera recibas aplausos. Pero si sientes que algo falta, que algo duele, que algo pulsa —entonces hazlo.

Dóblalo, grápalo, pásalo. Hazlo con otros. Hazlo con cariño. Hazlo con rabia. Hazlo como puedas.

Un mundo donde alguien decide crear un **fanzine**, todavía sigue siendo un mundo con futuro.